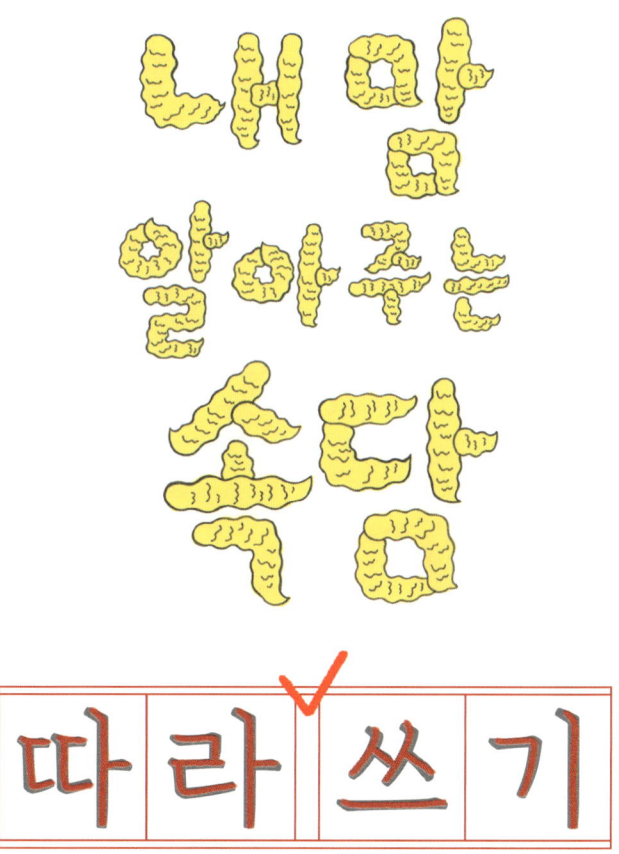

내 말 알아주는 속담 따라쓰기

어린이 마음 필사 책
내 맘 알아주는 속담 따라 쓰기

글 최설희 | **그림** 강은옥
펴낸날 2019년 12월 10일 초판 1쇄, 2025년 3월 31일 6쇄
펴낸이 위혜정 | **기획·편집** 스토리콘 | **디자인** 포도
펴낸곳 따끈따끈책방(주) | **주소** 서울특별시 마포구 양화로186 LC타워 604호
전화 070-8210-0523 | **팩스** 02-6455-8386 | **메일** chucreambook@naver.com
출판등록 제2023-000176호

© 최설희, 강은옥, 슈크림북 2019
저작권자의 동의 없이 무단 복제 및 전재를 금합니다.

ISBN 979-11-90409-00-1 74710
ISBN 979-11-967164-8-6 [세트]

※ 잘못된 책은 구입처에서 바꾸어 드립니다.   ※ 값은 뒤표지에 있습니다.
※ KC마크는 이 제품이 공통안전기준에 적합하였음을 의미합니다.

|어린이제품 안전특별법에 의한 표시사항| 제품명 도서 제조년월일 2025년 3월 31일
제조사명 따끈따끈책방(주) 주소 서울특별시 마포구 양화로186 LC타워 604호 전화번호 070-8210-0523
제조국명 대한민국 사용 연령 6세 이상 ▲주의 책 모서리에 찍히거나 책장에 베이지 않게 조심하세요.

instagram.com/chucreambook
슈크림북은 따끈따끈책방(주)의 아동 출판 브랜드입니다.

어린이 마음 필사 책

내 맘 알아주는 속담

글 최설희 그림 강은옥

따라 ✓ 쓰기

슈크림북

차례

006 가는 말이 고와야 오는 말이 곱다
008 가재는 게 편
010 간에 붙었다 쓸개에 붙었다 한다
012 개구리 올챙이 적 생각 못 한다
014 고래 싸움에 새우 등 터진다
016 속 담 초 성 퀴 즈
017 내 기분 그래프로 나타내기

018 공든 탑이 무너지랴
020 구슬이 서 말이라도 꿰어야 보배
022 굼벵이도 구르는 재주는 있다
024 꼬리가 길면 잡힌다
026 꿩 대신 닭이다
028 속 담 초 성 퀴 즈
029 엉터리로 연결된 속담을 올바른 속담으로 완성하기

030 남의 손의 떡이 커 보인다
032 낫 놓고 기역 자도 모른다
034 낮말은 새가 듣고 밤말은 쥐가 듣는다
036 내 코가 석 자나 빠졌다
038 누워서 침 뱉기
040 속 담 초 성 퀴 즈
041 빈칸에 알맞은 말을 넣어 속담 완성하기

042 눈에는 눈 이에는 이
044 돌다리도 두들겨 보고 건너라
046 동에 번쩍 서에 번쩍
048 등잔 밑이 어둡다
050 떡 줄 사람은 생각도 않는데 김칫국부터 마신다
052 속 담 초 성 퀴 즈
053 만화에 속담을 넣어 말풍선 완성하기

054 똥 묻은 개가 겨 묻은 개 나무란다
056 뛰는 놈 위에 나는 놈 있다
058 마른하늘에 날벼락
060 말 한마디로 천 냥 빚을 갚는다
062 모르는 게 약이요 아는 게 병
064 속 담 초 성 퀴 즈
065 속담 수수께끼 풀기

066 못된 송아지 엉덩이에 뿔이 난다
068 방귀 뀐 놈이 성낸다
070 배보다 배꼽이 크다
072 백지장도 맞들면 낫다
074 벼는 익을수록 고개를 숙인다
076 속 담 초 성 퀴 즈
077 동물이 등장하는 속담 쓰기

- 078 병 주고 약 준다
- 080 빛 좋은 개살구
- 082 사촌이 땅을 사면 배가 아프다
- 084 서당 개 삼 년이면 풍월을 읊는다
- 086 세 살 버릇 여든까지 간다
- 088 속담 초성 퀴즈
- 089 속담 가로세로 퍼즐

- 090 소 잃고 외양간 고친다
- 092 쏘아 놓은 화살이요 엎지른 물이다
- 094 아니 땐 굴뚝에 연기 날까
- 096 오르지 못할 나무는 쳐다보지도 마라
- 098 우물 안 개구리
- 100 속담 초성 퀴즈
- 101 엉터리로 연결된 속담을 올바른 속담으로 완성하기

- 102 울며 겨자 먹기
- 104 원숭이도 나무에서 떨어질 때가 있다
- 106 윗물이 맑아야 아랫물이 맑다
- 108 작은 고추가 더 맵다
- 110 재주는 곰이 넘고 돈은 주인이 받는다
- 112 속담 초성 퀴즈
- 113 빈칸 채워 속담 완성하기
  신체 부위가 등장하는 속담 쓰기

- 114 참새가 방앗간을 그냥 지나가랴
- 116 콩으로 메주를 쑨다 해도 안 믿는다
- 118 티끌 모아 태산
- 120 호랑이도 제 말 하면 온다
- 122 호박이 넝쿨째 굴러 들어오다
- 124 속담 초성 퀴즈
- 125 식물이 등장하는 속담 쓰기

- 126 속담을 넣어 그림일기 완성하기
- 128 정답

가는 말이 고와야 오는 말이 곱다

: 남에게 말이나 행동을 좋게 해야 남도 나를 좋게 대한다.

| 학습날짜 20 . . . 요일 | 오늘 내 마음 |

오빠: 방귀쟁이. 나 뽑기 하게 오백 원만 빌려줘.

나: 뭐? 됐어!

오빠: 야~ 너 돈 있잖아.

나: 가는 말이 고와야 오는 말이 고운 거, 몰라? 절대 안 빌려줄 거야, 뚱보 오빠!

이럴 때 쓰는 "가는 말이 고와야 오는 말이 곱다."

- 내 기분이 나빠도 친구에겐 짜증 내지 말걸. 친구가 나 때문에 마음이 상했어.
- 편의점 누나는 친절해서 나도 밝게 인사하게 돼.

비슷한 속담
- 가는 떡이 커야 오는 떡이 크다.
- 가는 정이 있어야 오는 정이 있다.

속담의 뜻을 생각하며 바르게 따라 써 보세요.

가	는		말	이		고	와	야	
오	는		말	이		곱	다	.	
가	는		말	이		고	와	야	
오	는		말	이		곱	다	.	

빈칸을 채워, 내 마음이 담긴 속담 일기를 완성해 보세요.

☐☐ 말이 ☐☐☐ 오는 ☐☐

곱다고, 오빠가 '방귀쟁이'라고 놀려서 나도 '뚱보 돼지 오빠'라고 받아쳤다.

가재는 게 편

: 자기와 가깝거나 처지가 비슷한 사람을 더 감싸 준다.

| 학습날짜 20 . . . 요일 | 오늘 내 마음 |

말풍선:
- 너냐? 내 동생 밀친 녀석이?
- 네 동생이 먼저 내 동생 못생겼다고 놀렸거든?!

쌍둥이 동생 | 쌍둥이 형 | 쌍둥이 형 | 쌍둥이 동생

이럴 때 쓰는 "가재는 게 편!"

- 나랑 사촌동생이랑 싸웠더니 우리 엄마는 내 편을 들고 이모는 사촌동생 편을 들더라.
- 우리 모둠이 게임에서 이길 수 있게 큰 소리로 응원했어!

내 맘 알아주는 속담
나와 비슷하다는 이유로 편을 들고 싶은 마음이 생길 수 있어요. 그런데 그 마음이 의리 있는 행동인지, 무조건 편들기만 하는 건지 잘 생각해 보는 게 좋겠죠?

속담의 뜻을 생각하며 바르게 따라 써 보세요.

가	재	는		게		편	.		
가	재	는		게		편	.		

빈칸을 채워, 내 마음이 담긴 속담 일기를 완성해 보세요.

나는 내 동생이, 호준이는 자기 동생이 더 잘생겼다고 우겼다. ☐☐는 ☐편 이라고, 사실 우리는 쌍둥이라 동생들과 똑같이 생겼다. 그러니까 한마디로 내가 호준이보다 잘생겼다는 말~!

간에 붙었다 쓸개에 붙었다 한다

: 자신에게 조금이라도 이익이 되면 지조 없이 여기저기 붙는다.

| 학습날짜 20 . . . 요일 | 오늘 내 마음 |

사랑하는 어머니, 저는 항상 어머니 편입니다. — 아들

존경하는 아버지, 아버지 말씀이 무조건 옳습니다. — 아들

엄마: 아들아, 이거 가족 단톡방이다.

아빠: 우리 아들은 간에 붙었다 쓸개에 붙었다 하는구나.

…… — 아들

이럴 때 쓰는 "간에 붙었다 쓸개에 붙었다 한다."

- 박쥐는 새 시늉도 내고, 날개 없는 동물 시늉도 내며 양쳐 행동을 하다가 결국 쫓겨나 동굴에 산다는 옛이야기가 있어.
- 우리 강아지는 산책하고 싶을 땐 오빠한테, 간식 먹고 싶을 때에는 나한테 꼬리 치는 거 있지?

내 맘 알아주는 속담

여럿 중 하나를 선택할 때 가장 중요한 것은 나만의 생각이에요. 간에 붙거나 쓸개에 붙지 않아도 꿋꿋하게 내 길을 갈 수 있는 나만의 줏대가 가장 중요하답니다.

속담의 뜻을 생각하며 바르게 따라 써 보세요.

간	에		붙	었	다		쓸	개	에	∨
붙	었	다		한	다	.				
간	에		붙	었	다		쓸	개	에	∨
붙	었	다		한	다	.				

빈칸을 채워, 내 마음이 담긴 속담 일기를 완성해 보세요.

☐에 붙었다 ☐☐에 ☐☐☐한 다고, 엄마 편들다, 아빠 편들다 하다 입장이 난처해졌어. 으앙~!

개구리 올챙이 적 생각 못 한다

: 지난 일은 생각 못 하고 잘난 척하다.

| 학습날짜 20 . . . | 요일 | 오늘 내 마음 |

동생이 학예회 연습하는 모습을 보며 배꼽 빠지게 웃다가 엄마한테 혼났다. 엉거주춤, 허둥지둥하는 동생 모습이 너무 웃긴 걸 어떡하냐고 엄마에게 따졌다. 엄마는 나도 어렸을 때 동생과 똑같았다고 한다. 아냐! 그럴 리 없어!

개구리 올챙이 적 생각 못 한다더니!

어릴 때 제 모습은 잊어 주세요.

이럴 때 쓰는 "개구리 올챙이 적 생각 못 한다."

- 우리 언니는 내 옷이 유치하대. 언니는 내 나이 때 뽀로로 그림 있는 옷 입었으면서!

내 맘 알아주는 속담
누구에게나 올챙이 같은 때가 있답니다. 서툴고 부족하지만 개구리가 되기 위해 힘차게 꼬물거렸던 때를 기억하며, 마음속에 '겸손'이라는 글자를 새겨 보세요.

속담의 뜻을 생각하며 바르게 따라 써 보세요.

개	구	리		올	챙	이		적	
생	각		못		한	다	.		
개	구	리		올	챙	이		적	
생	각		못		한	다	.		

빈칸을 채워, 내 마음이 담긴 속담 일기를 완성해 보세요.

동생의 유치원 재롱 잔치를 보고 비웃다가 아빠에게 꿀밤을 먹었어.

"쯧쯧. ☐ ☐ ☐ ☐ ☐ ☐ 적 생각 못 한다더니."

고래 싸움에 새우 등 터진다

: 강한 사람들끼리 싸우는 데 약한 자가 껴서 피해를 입는다.

| 학습날짜 20 . . . 요일 | 오늘 내 마음 |

우리 반 1등 형호가 영어 대회에서 우승을 했다. 2등 우주는 수학 경시 대회에서 메달을 땄다고 자랑했다. 그 소식을 들은 엄마가 나더러 당장 내일부터 영어 학원과 수학 학원을 다니란다.

고래 싸움에 새우 등 터진다더니. 안 돼~!

이럴 때 쓰는 "고래 싸움에 새우 등 터진다."

- 할머니랑 싸운 할아버지가 우리 집으로 오셔서 텔레비전을 차지하고 계셔. 내가 좋아하는 프로그램 할 시간인데!
- 형이 휴대폰으로 게임을 너무 많이 해서 엄마한테 혼이 났는데 나까지 게임 금지령이 내려졌어. 나는 대체 왜, 흑흑.

내 맘 알아주는 속담
내가 싸우는 통에 싸움과 상관없는 다른 사람이 상처받거나 다치게 된다면 어떨까요? 일단 싸움을 멈추고 가서 주변을 살펴보도록 해야겠죠?

속담의 뜻을 생각하며 바르게 따라 써 보세요.

고	래		싸	움	에		새	우	
등		터	진	다	.				
고	래		싸	움	에		새	우	
등		터	진	다	.				

빈칸을 채워, 내 마음이 담긴 속담 일기를 완성해 보세요.

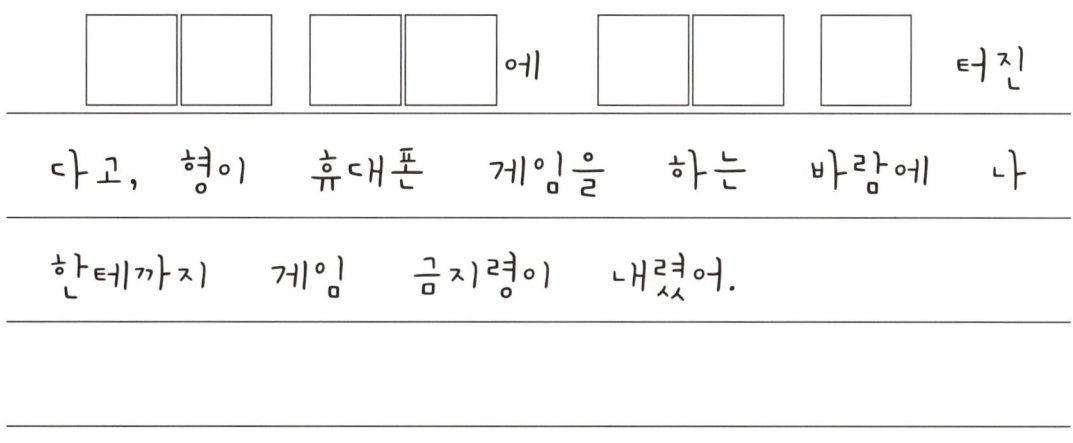

속담 초성 퀴즈!

1. 고래 ㅆㅇㅇ ㅅㅇ ㄷ ㅌㅈ다.

2. 간ㅇ ㅂㅇㄷ 쓸개ㅇ ㅂㅇㄷ ㅎㄷ.

3. ㄱㄱㄹ ㅇㅊㅇ ㅈ 생각 ㅁ ㅎㄷ.

4. ㄱㅈㄴ ㄱ ㅍ.

5. ㄱㄴ 말이 ㄱㅇㅇ ㅇㄴ ㅁㅇ ㄱㄷ.

내 기분 그래프로 나타내기

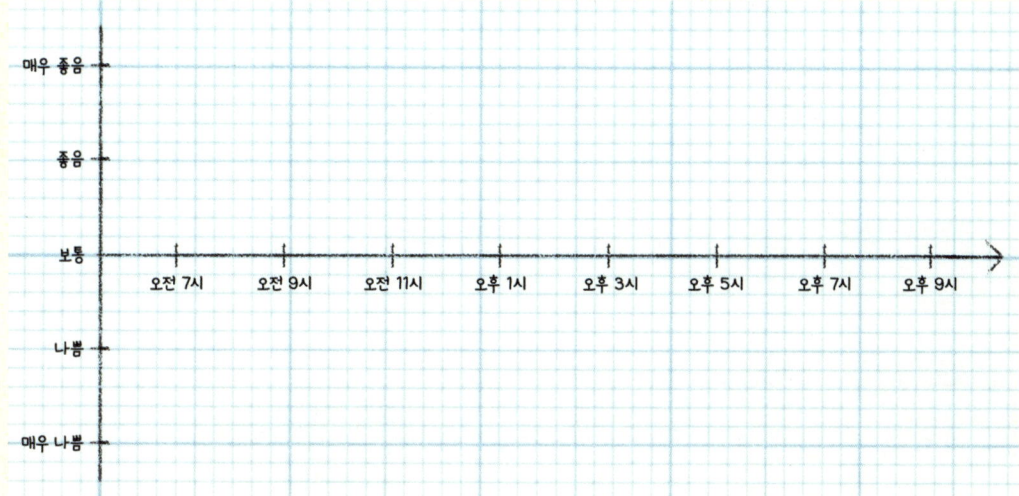

 기분이 가장 좋을 때는 어떤 일이 있었나요?

 그 기분을 잘 표현할 속담이 있나요? 없다면 만들 수 있어요.
예) 새로 산 옷 입으면 자꾸 웃음이 난다.

 기분이 가장 나쁠 때에는 어떤 일이 있었나요?

 그 기분을 잘 표현할 속담이 있나요? 없다면 만들 수 있어요.
예) 급식 줄을 나중에 서면 밥도 늦게 먹는다.

공든 탑이 무너지랴

: 꾸준히 노력하면 반드시 좋은 결과를 얻는다.

| 학습날짜 20 . . . | 요일 | 오늘 내 마음 |

으으, 초등학교에 입학하고 나니 할 일이 너무 많다. 그래도 매일 꾸준히 연습했더니, 받아쓰기 100점, 덧셈 뺄셈 시험 100점, 모두 100점 맞았다! 야호!

이럴 때 쓰는 "공든 탑이 무너지랴."

- 친구들과 함께 봄에 학교 텃논에 모를 심었어. 농장 이름도 짓고 물도 주며 정성껏 가꾸었더니 가을에 누런 벼 이삭을 볼 수 있게 되었어. 공든 탑은 무너지지 않는다더니, 추수를 하는데 너무 즐겁고 뿌듯했어.

내 맘 알아주는 속담
공든 탑을 쌓기까지 많은 어려움이 있겠지만 시간과 정성을 들여 쌓은 탑은 어떤 어려움에도 꿋꿋이 견딜 수 있어요.

속담의 뜻을 생각하며 바르게 따라 써 보세요.

공	든		탑	이		무	너	지	랴	.
공	든		탑	이		무	너	지	랴	.

빈칸을 채워, 내 마음이 담긴 속담 일기를 완성해 보세요.

친구들과 함께 학교 텃논에 모를 심었어. 농장 이름도 짓고 물도 주며 정성껏 가꾸었더니 가을에 누런 벼 이삭을 볼 수 있게 되었어. 역시 ☐☐ ☐은 무너지지 않는 법이야.

구슬이 서 말이라도 꿰어야 보배

: 아무리 좋은 것도 쓸모 있게 만들어야 비로소 가치가 있다.

| 학습날짜 20 . . . 요일 | 오늘 내 마음 |

꼭 갖고 싶었던 블록인데…

조립을 못 하겠어.

구슬이 서 말이라도 꿰어야 보배라더니….

아무리 좋은 블록이라도 조립을 잘해야 쓸모 있는 거였어.

이럴 때 쓰는 "구슬이 서 말이라도 꿰어야 보배!"

- 신선한 재료에 훌륭한 조리법을 알고 있으면 뭐 해? 정성껏 요리를 해야 먹지.
- 영어 단어를 많이 알면 뭐 해? 문장을 만들 수 있어야 대화가 가능한걸.

내 맘 알아주는 속담

내가 가진, 나만의 반짝이는 구슬은 무엇인가요? 그리고 그 구슬을 꿰기 위한 방법들에는 어떤 것이 있을까요?

속담의 뜻을 생각하며 바르게 따라 써 보세요.

구	슬	이		서		말	이	라	도	V
꿰	어	야		보	배	.				
구	슬	이		서		말	이	라	도	V
꿰	어	야		보	배	.				

빈칸을 채워, 내 마음이 담긴 속담 일기를 완성해 보세요.

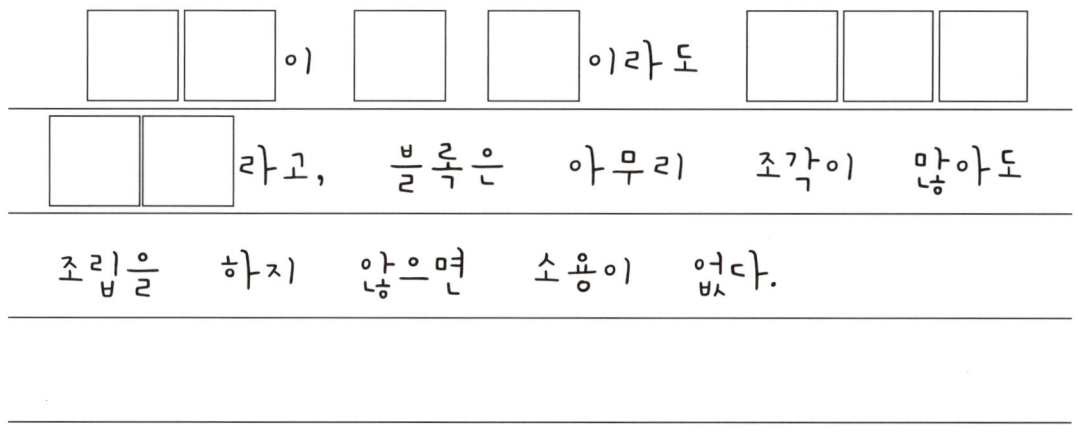

굼벵이도 구르는 재주는 있다

: 못난 사람이라도 잘하는 것 하나는 있다.

| 학습날짜 20 . . . 요일 | 오늘 내 마음 |

딸: 엄마, 하리는 수영을 잘하고 슬기는 그림을 잘 그려.

엄마: 우리 딸은 뭘 잘해?

딸: 난 칭찬을 잘하지! 세상에서 제일 예쁜 우리 엄마~♡

오빠: 동생아, 넌 참 거짓말을 잘하는구나. -_-

이럴 때 쓰는 "굼벵이도 구르는 재주는 있다."

- 내 동생은 개구쟁이에 말썽꾸러기야. 목소리도 너무 커. 그런데 학교 운동회 때 보니 달리기도 1등, 응원도 1등이더라.
- 아빠는 요리는 정말 못 하는데 맛집은 기가 막히게 잘 찾아.

비슷한 속담
- 우렁이도 두렁 넘을 꾀가 있다 : '두렁'은 논이나 밭 가장자리에 경계를 이룰 수 있도록 두두룩하게 만든 것을 말해요.

속담의 뜻을 생각하며 바르게 따라 써 보세요.

굼	뱅	이	도		구	르	는		재
주	는		있	다	.				
굼	뱅	이	도		구	르	는		재
주	는		있	다	.				

빈칸을 채워, 내 마음이 담긴 속담 일기를 완성해 보세요.

☐☐☐ 도 ☐☐☐ ☐☐ 는

있다고, 맨날 뛰어다닌다고 혼나던 내 동생

이 운동회 계주 대표로 상대 팀을 이겼어!

꼬리가 길면 잡힌다

: 나쁜 일을 계속하면 결국에는 들키고 만다.

| 학습날짜 20 . . . 요일 | 오늘 내 마음 |

엄마 오기 전에 딱 한 판만 더 해야지.

또 게임이야?

이럴 때 쓰는 "꼬리가 길면 잡힌다."

- 매일 언니 방에 몰래 들어가 화장품을 갖고 놀다 들켰지 뭐야. 언니가 "우리 집에서 머리카락이 이렇게 긴 사람은 너뿐이야." 하고 소리쳤어.

내 맘 알아주는 속담
잘못된 일은 언젠가 꼭 들키기 마련이니, 잘못을 저질렀을 때에는 빨리 깨닫고 진심으로 용서를 구하는 자세가 필요해요.

속담의 뜻을 생각하며 바르게 따라 써 보세요.

꼬	리	가		길	면		잡	힌	다	.
꼬	리	가		길	면		잡	힌	다	.

빈칸을 채워, 내 마음이 담긴 속담 일기를 완성해 보세요.

형이 잘 때, 형 휴대폰으로 몰래 게임을 하다 딱 걸렸어! ☐☐ 가 ☐☐

☐☐☐ 고, '조금만 더, 조금만 더.' 하다가 그만…….

꿩 대신 닭이다

: 적당한 것이 없으면 그것과 비슷한 것으로 대신한다.

| 학습날짜 20 . . . 요일 | 오늘
내 마음 |

엄마: 얘들아, 밥이 없다.

아빠: 일요일이니까, 밥 대신….

누나: 라면 어때요?

나: 야호!

이럴 때 쓰는 "꿩 대신 닭이다."

- 갑작스러운 폭우로 캠핑이 취소되자 "야외 캠핑 대신 거실 캠핑 어때?" 오빠의 아이디어로 집에서 신나게 캠핑을 했어.
- 무더운 여름 에어컨이 고장 났을 때, 에어컨 대신 선풍기를 틀었어. 아예 정전이 되자, 선풍기 대신 부채를 부쳤지.

비슷한 속담
- 봉 아니면 꿩이다 : '봉'은 중국의 전설에 나오는 새인 '봉황'을 말해요.

속담의 뜻을 생각하며 바르게 따라 써 보세요.

꿩		대	신		닭	이	다.	
꿩		대	신		닭	이	다.	

빈칸을 채워, 내 마음이 담긴 속담 일기를 완성해 보세요.

마른하늘에 □□□이라더니. 갑자기 비가 오는 바람에 캠핑이 취소됐어. 하지만 □ 대신 □이라고, 야외 캠핑 대신 거실 캠핑을 하기로 했지. 집에 텐트를 치고 캠핑을 하니 색다른 기분이 들었어.

속담 초성 퀴즈!

1. ㄱㅇ ㄷ ㅌㅇ ㅁㄴㅈㄹ.
2. ㄱㅅㅇ ㅅ ㅁㅇㄹㄷ ㄲㅇㅇ ㅂ배.
3. ㄱㅂㅇㄷ ㄱㄹㄴ 재주ㄴ ㅇ다.
4. 꼬ㄹㄱ ㄱㅁ ㅈㅎㄷ.
5. ㄲ ㄷㅅ 닭ㅇㄷ.

엉터리로 연결된 속담을 올바른 속담으로 완성해 주세요.

꼬리가 길면   닭이다

꼬리가 길면 잡힌다.
꿩 대신 닭이다.

구슬이 서 말이어도   재주는 있다

_____

_____

가재는   무너지랴

_____

_____

가는 말이 고와야   붙었다 한다

_____

_____

개구리 올챙이 적   새우 등 터진다

_____

_____

남의 손의 떡이 커 보인다

: 자기 물건보다 남의 물건이 더 좋아 보인다.

| 학습날짜 20 . . . 요일 | 오늘 내 마음 |

말풍선: 왜 그게 더 커 보이지? 이거 정말 쌍둥이바 맞아?

맞다니까!

이럴 때 쓰는 "남의 손의 떡이 커 보인다."

- 학교에서 피자를 먹는데 내 손에 든 한 조각만 작고 남은 일곱 조각은 모두 커 보여. 내가 운이 없는 걸까?
- 짝꿍 급식이 더 맛있어 보이는 건 대체 왜 그런 걸까?

내 맘 알아주는 속담
다른 사람의 것이 좋아 보이는 감정은 자연스러워요. 하지만 내가 가진 물건, 내 곁의 사람도 소중하게 여기고 감사할 줄 알아야겠죠?

속담의 뜻을 생각하며 바르게 따라 써 보세요.

남	의		손	의		떡	이		커	∨
보	인	다	.							
남	의		손	의		떡	이		커	∨
보	인	다	.							

빈칸을 채워, 내 마음이 담긴 속담 일기를 완성해 보세요.

왜 맨날 내 피자 조각만 작아 보이는 걸까? ☐의 손의 ☐이 커 보이는 법이니, 다른 사람들 눈엔 내 피자 조각이 커 보이겠지?

낫 놓고 기역 자도 모른다

: 눈앞에 정답을 두고도 알아채지 못할 정도로 무식하다.

| 학습날짜 20 . . . 요일 | 오늘 내 마음 |

나: 누나, 텔레비전이 영어로 뭐야?

누나: 글쎄… TV인가?

엄마: 으이구! 텔레비전이 그냥 영어잖아! Television! 줄여서 TV!

몰랐네.

이럴 때 쓰는 "낫 놓고 기역 자도 모른다."

• 시계를 눈앞에 두고도 시간을 읽지 못할 때, '낫 놓고 기역 자도 모른다.'고 할 수 있어.

비슷한 속담

• 가갸 뒤 자도 모른다 : 한글을 배울 때 처음 배우는 '가갸거겨'의 뒤 자도 모른다는 뜻으로, 글자를 전혀 깨치지 못한 사람을 말해요.

속담의 뜻을 생각하며 바르게 따라 써 보세요.

낫		놓	고		기	역		자	도	∨
모	른	다	.							
낫		놓	고		기	역		자	도	∨
모	른	다	.							

빈칸을 채워, 내 마음이 담긴 속담 일기를 완성해 보세요.

시계를 보고도 시간을 모를 때, ☐ 놓고 ☐ ☐ 자도 모른다고 할 수 있어. 얼른 시계 읽는 법을 배워야지.

낮말은 새가 듣고 밤말은 쥐가 듣는다

: 아무도 안 듣는 것 같아도 말조심을 해야 한다.

| 학습날짜 20 . . . | 요일 | 오늘 내 마음 |

너, 이거 비밀이야. — 나

뭐? 수학 시간에 너 방귀 뀐 거? — 친구

어떻게 알았어? — 나

너 빼고 다 알아. 네 짝꿍이 비밀이라며 다 말했어. — 친구

진짜?

그 지독한 방귀, ○○가 뀐 거래.

이럴 때 쓰는 "낮말은 새가 듣고 밤말은 쥐가 듣는다."

- 인터넷에 퍼뜨린 가짜뉴스가 일파만파 빅뉴스가 되었어. 결국 처음 가짜뉴스를 만들어 퍼뜨린 사람은 큰 벌을 받게 되었단다.

비슷한 속담
- 벽에도 귀가 있다.
- 발 없는 말이 천 리 간다.

속담의 뜻을 생각하며 바르게 따라 써 보세요.

낮	말	은		새	가		듣	고	
밤	말	은		쥐	가		듣	는	다
낮	말	은		새	가		듣	고	
밤	말	은		쥐	가		듣	는	다

빈칸을 채워, 내 마음이 담긴 속담 일기를 완성해 보세요.

가장 친한 친구에게 비밀을 털어놓았는데 다른 친구가 알고 있다니. ☐☐은 ☐가 듣고 ☐☐은 ☐가 듣는다지만, 그래도 서운해!

내 코가 석 자나 빠졌다

: 내 처지가 어려워서 남을 도울 수 없다.

| 학습날짜 20 . . . 요일 | 오늘 내 마음 |

엄마: 일호야, 네 동생 이호 숙제 좀 봐줘라.

나: 어머니, 저 내일 시험이에요.

엄마: 그래? 무슨 시험?

나: 그걸 모르겠어요.

엄마: 어이쿠, 네 코가 석 자구나.

이럴 때 쓰는 "내 코가 석 자나 빠졌다."

- 친구가 스케이트 탈 때 손 좀 잡아 달래. 그런데 나는 빙판에 서 있을 수도 없는걸.
- 친구가 방학 숙제를 도와 달래. 근데 난 숙제가 있는지도 몰랐다고!

내 맘 알아주는 속담

내 처지가 어려운데 무리해서 남을 도와주기는 어려워요. 그럴 때에는 그 안타까운 마음을 잘 간직했다가, 내 처지가 좋아지면 꼭 도와주도록 해요.

속담의 뜻을 생각하며 바르게 따라 써 보세요.

내		코	가		석		자	나	
빠	졌	다	.						
내		코	가		석		자	나	
빠	졌	다	.						

빈칸을 채워, 내 마음이 담긴 속담 일기를 완성해 보세요.

엄마가 동생 숙제를 봐주라고 하셨지만....... 내일 시험을 앞두고 있어 내 □ 가 □ □ 나 빠진 상황이야.

누워서 침 뱉기

: 남을 해치려 한 일이 다시 내게 돌아오다.

| 학습날짜 20 . . . | 요일 | 오늘 내 마음 |

이럴 때 쓰는 "누워서 침 뱉기."

- "우리 오빠는 음치야." 하고 흉을 보는데, 친구가 "어? 너랑 똑같네. 너 완전 박치잖아." 하고 말했어. 정말 가족 흉을 보는 건 누워서 침 뱉기인가 봐.

비슷한 속담
- 자기 얼굴에 침 뱉기.
- 하늘 보고 침 뱉기.

속담의 뜻을 생각하며 바르게 따라 써 보세요.

누	워	서		침		뱉	기	.	
누	워	서		침		뱉	기	.	

빈칸을 채워, 내 마음이 담긴 속담 일기를 완성해 보세요.

난 우리 아빠가 '방귀쟁이'라고 동네방네 소문을 내고 다녔어. 그런데 수업 시간, 어디서 방귀 소리가 들리자 반 아이들이 다 나를 의심하는 거야. 가족 흉을 보는 건 결국 □□□ □□ □였어.

속담 초성 퀴즈!

1. 남ㅇ ㅅㅇ 떡ㅇ ㅋ ㅂㅇㄷ.

2. ㄴ 놓고 ㄱㅇ ㅈㄷ ㅁㄹㄷ.

3. ㄴㅁㅇ ㅅㄱ ㄷㄱ ㅂㅁㅇ ㅈㄱ ㄷㄴㄷ.

4. ㄴ 코가 ㅅ ㅈㄴ ㅃㅈㄷ.

5. ㄴㅇㅅ ㅊ 뱉ㄱ.

빈칸에 알맞은 말을 넣어 속담을 완성해 보세요.

 떡 줄 사람은 생각도 않는데 김칫국부터 마신다.

빵 줄 사람은 생각도 않는데 ☐☐부터 마신다.

 가는 말이 고와야 오는 말이 곱다.

가는 떡이 커야 오는 ☐이 ☐☐.

 꿩 대신 닭이다.

밥 대신 ☐이다.

에어컨 대신 ☐☐☐다.

눈에는 눈 이에는 이

: 손해 본 만큼 되갚아 주려고 한다.

| 학습날짜 20 . . . 요일 | 오늘 내 마음 |

눈에는 눈! VS 이에는 이!

이럴 때 쓰는 "눈에는 눈 이에는 이!"

- 오늘 아침 뉴스에서 봤는데, 위층에서 쿵쿵쿵 층간소음이 일어나자 아래층에서 쾅쾅쾅 스피커를 설치해 복수했대. 정말 눈에는 눈 이에는 이라니까.

내 맘 알아주는 속담
내가 실수로 다른 사람에게 폐를 끼쳤다면 바로 사과하는 게 좋아요. 반대로 다른 사람이 잘못을 했고, 나에게 진심으로 사과한다면 그 마음도 받아 주어야겠죠?

속담의 뜻을 생각하며 바르게 따라 써 보세요.

눈	에	는		눈		이	에	는	
이	.								
눈	에	는		눈		이	에	는	
이	.								

빈칸을 채워, 내 마음이 담긴 속담 일기를 완성해 보세요.

게임을 하는데 친구가 딱밤을 너무 세게 때렸어.

"☐ ☐ ☐ ☐ ☐ ☐ ☐ ☐ 다."

나는 눈을 부릅뜨고 친구가 벌칙에 걸리기만 기다렸지.

돌다리도 두들겨 보고 건너라

: 잘 아는 일이라도 꼼꼼하게 살펴야 한다.

| 학습날짜 20 . . . 요일 | 오늘 내 마음 |

> 다 아는 건데….

> 다 틀렸네. 쩝.

이럴 때 쓰는 "돌다리도 두들겨 보고 건너라."

- 이번 받아쓰기 시험은 너무 쉬웠어. 그런데 채점해 보니 빵점이잖아! 알고 보니 마침표를 모두 안 찍은 거야. 돌다리도 두들겨 보고 건널걸.

- 나는 우리 반에서 줄넘기를 가장 잘해. 그런데 수행평가에서 열 번밖에 못 넘었어. 모르고 동생 줄넘기를 가지고 왔거든.

비슷한 속담
- 얕은 내도 깊게 건너라 : 얕은 냇물을 건널 때도 깊은 물을 건널 때처럼 조심해서 건너면 실수가 없다는 뜻이에요.

속담의 뜻을 생각하며 바르게 따라 써 보세요.

돌	다	리	도		두	들	겨		보
고		건	너	라	.				
돌	다	리	도		두	들	겨		보
고		건	너	라	.				

빈칸을 채워, 내 마음이 담긴 속담 일기를 완성해 보세요.

이번 수학 시험에서 빵점을 맞았어. 아깝게 계속 실수를 했지 뭐야! ☐☐☐

도 ☐☐☐ 보고 ☐☐☐ 는 속담처럼 한 번 더 확인할 걸 그랬나 봐.

동에 번쩍 서에 번쩍

: 몹시 빠르고 바쁘게 왔다 갔다 한다.

| 학습날짜 20 . . . 요일 | 오늘 내 마음 |

반에서 축구를 가장 잘하는 지혁이. 축구 시합에서 '동에 번쩍 서에 번쩍' 하더니 3골을 넣어 반을 승리로 이끌었다.

이럴 때 쓰는 "동에 번쩍 서에 번쩍!"

- 우리 학교 보안관 선생님은 도움이 필요할 때면 언제든 '펑!' 하고 나타나셔. 정말 '동에 번쩍 서에 번쩍'이라니까.
- 기자라면 사실 확인을 위해 어디든 '동에 번쩍 서에 번쩍' 해야 해.

내 맘 알아주는 속담
나는 학교 끝나고 운동장으로, 운동장에서 학원으로, 학원에서 집으로 동에 번쩍, 서에 번쩍!

속담의 뜻을 생각하며 바르게 따라 써 보세요.

동	에		번	쩍		서	에		번
쩍	.								
동	에		번	쩍		서	에		번
쩍	.								

빈칸을 채워, 내 마음이 담긴 속담 일기를 완성해 보세요.

축구를 잘하는 우리 오빠는 운동장에서만큼은 정말 ☐☐ 번쩍 ☐☐ 번쩍이라니까! 집에서는 소파에 딱 붙어 꼼짝도 안 하면서 말이야.

등잔 밑이 어둡다

: 가까이 있는 것에 대해 오히려 잘 모른다.

| 학습날짜 20 . . . | 요일 | 오늘 내 마음 |

"어? 내 핸드폰 어디 갔지?"

형은 핸드폰이 없어졌다고 난리 난리 치더니 결국 화장실에서 찾았다. 볼 일 보면서 게임 한 게 분명해!

이럴 때 쓰는 "등잔 밑이 어둡다."

- 주변에 사진관을 아무리 찾아도 없는 거야. 알고 보니 내가 다니는 태권도 학원 아래층에 사진관이 있더라고.
- 꼭 읽고 싶은 책이 있어 며칠 동네 도서관을 헤맸는데 결국 학급 문고에서 찾은 거 있지?

내 맘 알아주는 속담
불꽃이 타오르는 등잔 밑은 오히려 그림자 때문에 어두워요. 가깝지만 잘 보이지 않아 소홀하기 쉽지요.

속담의 뜻을 생각하며 바르게 따라 써 보세요.

등	잔		밑	이		어	둡	다	.
등	잔		밑	이		어	둡	다	.

빈칸을 채워, 내 마음이 담긴 속담 일기를 완성해 보세요.

꼭 읽고 싶은 책이 있어 며칠 도서관을 헤맸는데 결국 교실 학급 문고에서 찾은 거 있지? 이럴 때 쓰는 속담!

| | | 밑이 | | | | !

떡 줄 사람은 생각도 않는데
김칫국부터 마신다

: 해 줄 사람은 생각도 않는데 미리부터 다 된 일처럼 군다.

| 학습날짜 20 . . . 요일 | 오늘 내 마음 |

나: 학교 끝나고 내가 쏠게.
친구: 왜, 너 생일이야?
나: 회장 선거 날이잖아. 당선 턱 내려고.
친구: 뭐? 아직 선거도 안 했잖아.
나: 보나마나 되겠지. 나 아니면 누가 되겠어?

나는야, 회장!

이럴 때 쓰는 "떡 줄 사람은 생각도 않는데 김칫국부터 마신다."

- 아빠는 승진 발표도 안 났는데 차부터 바꿨어. 이번에 꼭 승진할 거라고 믿으시는 거 같아.
- 언니는 크리스마스 때 휴대폰을 선물 받을 거라며 휴대폰 케이스를 고르고 있어.

비슷한 속담
- 떡방아 소리 듣고 김칫국 찾는다.
- 앞집 떡 치는 소리 듣고 김칫국부터 마신다.

속담의 뜻을 생각하며 바르게 따라 써 보세요.

떡		줄		사	람	은		생	각
도		않	는	데		김	칫	국	부
터		마	신	다	.				
떡		줄		사	람	은		생	각
도		않	는	데		김	칫	국	부
터		마	신	다	.				

빈칸을 채워, 내 마음이 담긴 속담 일기를 완성해 보세요.

☐ ☐ 사람은 생각도 않는데 ☐ ☐
☐ 부터 마신다더니, 친구가 회장 선거
를 하기도 전에 당선 턱부터 낸다고 한다.

속담 초성 퀴즈!

1. ㄴㅇㄴ ㄴ ㅇ에는 ㅇ.

2. 돌 ㄷㄹㄷ ㄷㄷㄱ ㅂㄱ ㄱㄴㄹ.

3. ㄷㅇ ㅂ쯔 ㅅㅇ ㅂ쯔.

4. ㄷㅈ ㅁㅇ ㅇ둡ㄷ.

5. 떠 줄 ㅅㄹㅇ ㅅㄱㄷ ㅇㄴㄷ ㄱ칫ㄱㅂㅌ ㅁㅅㄷ.

아래 속담을 넣어 말풍선을 완성해 보세요.

눈에는 눈 이에는 이

똥 묻은 개가 겨 묻은 개 나무란다

: 자기는 더 큰 흉이 있으면서 도리어 남의 작은 흉을 본다.

| 학습날짜 20 . . . 요일 | 오늘 내 마음 |

네 앞니에 고춧가루 꼈다!

네 앞니에는 김 붙었거든!

이럴 때 쓰는 "똥 묻은 개가 겨 묻은 개 나무란다."

- 오빠가 나보고 텔레비전 많이 본다고 엄마한테 이른다는 거야. 자기는 하루 종일 게임만 했으면서!
- 누나가 나보고 많이 먹는다고 잔소리하기에 "누나는 두 그릇째잖아." 하고 핀잔을 줬어.

비슷한 속담
- 가랑잎이 솔잎보고 바스락거린다고 한다.
- 봄바람이 겨울바람보고 춥다고 한다.

속담의 뜻을 생각하며 바르게 따라 써 보세요.

똥		묻은		개가		겨	
묻은		개		나무란다.			
똥		묻은		개가		겨	
묻은		개		나무란다.			

빈칸을 채워, 내 마음이 담긴 속담 일기를 완성해 보세요.

하루 종일 게임만 한 형이 나보고 텔레비전 좀 그만 보라고 큰소리치잖아? ☐ ☐☐ ☐가 ☐☐ ☐ 나무란다더니.

뛰는 놈 위에 나는 놈 있다

: 아무리 재주가 뛰어나도 그보다 더 나은 사람이 있다.

| 학습날짜 20 . . . 요일 | 오늘 내 마음 |

친구: 나 노란 띠다.
친구: 나 초록 띠거든.
친구: 난 빨간 띠다, 얘들아.
나: 풉, 검은 띠 오셨다! 길을 비켜라.

이럴 때 쓰는 "뛰는 놈 위에 나는 놈 있다."

- 친구와 게임 이야기를 하는데 난 골드 랭크인데 내 친구는 다이아 랭크래. '뛰는 놈 위에 나는 놈 있다.'더니. 흑.

비슷한 속담
- 기는 놈 위에 뛰는 놈 있다.

속담의 뜻을 생각하며 바르게 따라 써 보세요.

뛰는	놈	위에	나는	∨
놈	있다.			
뛰는	놈	위에	나는	∨
놈	있다.			

빈칸을 채워, 내 마음이 담긴 속담 일기를 완성해 보세요.

나는 겨우 게임 레벨업에 성공했는데, 내 친구는 최대 레벨까지 갔대. 역시 ☐☐ 위에 ☐☐☐ 있다더니.

마른하늘에 날벼락

: 뜻밖에 나쁜 일이 생기다.

| 학습날짜 20 . . . 요일 | 오늘 내 마음 |

주말에 제주도 여행을 가려고 했는데 예보에도 없던 태풍이 와서 비행기가 못 떴다. 완전 마른하늘에 날벼락이다!

이럴 때 쓰는 "마른하늘에 날벼락!"

- 단짝 친구가 전학을 가게 되었어. 같은 반 됐다고 좋아했는데 이게 웬 마른하늘에 날벼락!
- 꼭 사고 싶은 물건이 있었는데 내 앞에서 방금 다 팔렸대.

비슷한 사자성어

- 청천벽력(青天霹靂) : 청천벽력은 '푸를 청(青), 하늘 천(天), 벼락 벽(霹), 벼락 력(靂)'으로 맑은 하늘에서 갑자기 떨어지는 벼락이라는 뜻이에요.

속담의 뜻을 생각하며 바르게 따라 써 보세요.

마	른	하	늘	에		날	벼	락	.
마	른	하	늘	에		날	벼	락	.

빈칸을 채워, 내 마음이 담긴 속담 일기를 완성해 보세요.

가족 여행을 떠나는 날, 예보에도 없던 태풍이 와서 비행기가 결항되었지 뭐야. 정말 ☐☐☐☐에 ☐☐☐이 아닐 수 없어.

말 한마디로 천 냥 빚을 갚는다

: 말만 잘하면 몹시 어려운 일도 해결할 수 있다.

| 학습날짜 20 . . . 요일 | 오늘 내 마음 |

미안해.

괜찮아. 나도 잘못했는걸.

이럴 때 쓰는 "말 한마디로 천 냥 빚을 갚는다."

• 축구 경기를 하다 자책골을 넣었어. 다행히 같은 팀 친구의 "괜찮다."는 말에 힘을 얻어 바로 역전골을 성공시켰지.

내 맘 알아주는 속담

말 한마디는 사람의 마음을 움직일 만큼 힘이 세요. 어떤 말은 도리어 나쁜 상황을 불러오기도 하고, 어떤 말은 상대방을 감동시키기고 변화하게 하지요.

속담의 뜻을 생각하며 바르게 따라 써 보세요.

말		한	마	디	로		천		냥	∨
빚	을		갚	는	다	.				
말		한	마	디	로		천		냥	∨
빚	을		갚	는	다	.				

빈칸을 채워, 내 마음이 담긴 속담 일기를 완성해 보세요.

　　자신이 없을 땐 용기 주는 말을, 예쁜 옷을 입고 갔을 땐 칭찬해 주는 말을 가장 먼저 해 주는 친구. ☐ ☐ ☐ 로 ☐ ☐ ☐ 을 갚는다고, 난 그 친구가 가장 좋더라.

모르는 게 약이요 아는 게 병

: 아무것도 모르면 마음이 편하나, 조금 알게 되면 걱정이 생긴다.

| 학습날짜 20 . . . 요일 | 오늘 내 마음 |

말풍선:
- 나, 어금니가 흔들려.
- 으아아! 차라리 모르는 게 나을 뻔했어!
- 나는 치과에서 이만~한 집게로 쑥 뽑았어.
- 어금니 뺄 때 피가 철철 났어.

이럴 때 쓰는 "모르는 게 약이요 아는 게 병"

- 내가 좋아하는 윤후가 내 단짝 세영이에게 좋아한다고 고백했대. 세영이에게 질투가 나. 차라리 몰랐다면 좋았을걸!
- 원효 대사가 여행을 하던 어느 날 잠결에 시원하게 마신 물이 해골에 고인 물이었대. 모르는 게 더 나을 뻔했어.

내 맘 알아주는 속담
때로는 너무 많은 것을 알면 그만큼 책임감도 생기고 마음이 무거워질 때가 있어요. 하지만 고민을 해결해 나가면서 성장하고 발전하여 멋진 어른이 되는 거랍니다.

속담의 뜻을 생각하며 바르게 따라 써 보세요.

모	르	는		게		약	이	요
아	는			게		병	.	
모	르	는		게		약	이	요
아	는			게		병	.	

빈칸을 채워, 내 마음이 담긴 속담 일기를 완성해 보세요.

아, 어떡하지. 어금니가 흔들린다. 친구들이 이 뽑은 이야기를 들려주었는데 엄청 아프단다. ☐☐☐ 게 ☐☐☐ 아는 ☐ ☐ 이라더니, 차라리 듣지 말 걸 그랬다.

속담 초성 퀴즈!

1. ㄸ ㅁㅇ ㄱㄱ 겨 ㅁㅇ ㄱ ㄴㅁㄹㄷ.

2. 뛰는 ㄴ ㅇㅇ ㄴㄴ ㄴ ㅇㄷ.

3. 마른 ㅎㄴㅇ ㄴㅂㄹ.

4. ㅁ ㅎㅁㄷㄹ 천 냥 ㅂㅇ ㄱㄴㄷ.

5. ㅁㄹㄴ ㄱ 약 ㅇㅇ ㅇㄴ ㄱ 병.

다음 속담 수수께끼를 풀어 보세요.

Q. 참새가 그냥 지나칠 수 없는 곳은?

Q. 모르는 게 ☐ 이요, 아는 게 ☐

Q. 말 한마디로 갚을 수 있는 큰 빚은?

Q. ☐☐ 모아 ☐☐

Q. 낫을 놓고도 모르는 글자는?

Q. 길면 잡히는 것은?

못된 송아지 엉덩이에 뿔이 난다

: 나쁘게 행동하는 사람이 자꾸만 엇나가게 된다.

| 학습날짜 20 . . . 요일 | 오늘 내 마음 |

내 동생이 한 짓

- 내 필통에 있는 연필 꺼내서 부러뜨림.
- 내 몬스터 카드를 허락도 없이 자기 친구에게 줌.
- 내 문제집 찢어 놓고는 더 크게 울어서 엄마가 달래 주게 함.
- 그러더니 내가 게임 30분 더 한 거 엄마한테 이름.

…이 못된 송아지 때문에 진심 화가 난다!

이럴 때 쓰는 "못된 송아지 엉덩이에 뿔이 난다."

- 저 떡볶이집은 다른 데보다 조금 주면서 빨리 먹고 나가라고 구박까지 해!
- 동호는 반 아이들을 자주 놀려서 속상하게 해. 어제는 욕도 하는 거 있지.

내 맘 알아주는 속담

누구나 못된 송아지가 되는 시기가 있어요. 중요한 것은 보기 싫은 뿔이 나기 전에 얼른 예전의 나로 돌아와 잘못을 반성하고 진심으로 용서를 구하는 거예요.

속담의 뜻을 생각하며 바르게 따라 써 보세요.

못	된		송	아	지		엉	덩	이
에		뿔	이		난	다	.		
못	된		송	아	지		엉	덩	이
에		뿔	이		난	다	.		

빈칸을 채워, 내 마음이 담긴 속담 일기를 완성해 보세요.

내 동생은 어제보다 오늘 더 사고를 친다. ☐☐ ☐☐☐ ☐☐☐에 ☐이 ☐☐는데, 엄마는 그것도 모르고 동생이 울면 다정하게 달래 주신다. 그럴 땐 동생이 더 얄밉다.

방귀 뀐 놈이 성낸다

: 잘못은 자기가 저지르고 오히려 남을 나무란다.

| 학습날짜 20 . . . 요일 | 오늘 내 마음 |

공을 그렇게 세게 던지면 어떻게 해! 담 넘어갔잖아!

네가 공을 잘 받았으면 되잖아! 너는 그걸 놓치냐?

이럴 때 쓰는 "방귀 뀐 놈이 성낸다."

- 일본은 일제 강점기 때의 일도 사과를 안 하면서 더 당당하고 뻔뻔하더라.
- 우리 윗집이 늦은 시간까지 쿵쿵 쾅쾅 엄청 시끄럽길래 주의해 달라고 하니, 그럴 수도 있는 거 아니냐며 따지는 거 있지?

비슷한 속담
- 도둑놈이 도둑놈이야 한다.

속담의 뜻을 생각하며 바르게 따라 써 보세요.

방	귀		뀐		놈	이		성	낸
다	.								
방	귀		뀐		놈	이		성	낸
다	.								

빈칸을 채워, 내 마음이 담긴 속담 일기를 완성해 보세요.

오늘 피구를 하는데 성호가 던진 공이 담을 넘어 날아가 버렸다. 근데 □ □ 놈이 □ □ 더니, 내가 공을 잘 받았어야 했다고 나한테 오히려 화를 냈다. 어이가 없다.

배보다 배꼽이 크다

: 덧붙이는 것이 더 크거나 많다.

| 학습 날짜 20   .   .   .   요일 | 오늘 내 마음 |

○○ 카드

○○ 극장
〈장난감 이야기 5〉
09.11. 토요일 11:00~12:45
어른1, 아동1. 15,000원
결제가 완료되었습니다.

○○ 극장 매점
09.11. 10:45
팝콘 음료 세트, 오징어.
17,000원
결제가 완료되었습니다.

영화 보러 갔더니
영화표 가격보다
간식비가 더 비싸잖아!

이럴 때 쓰는 "배보다 배꼽이 크다."

- 으앙! 휴대폰을 떨어뜨리는 바람에 휴대폰 가격보다 수리비가 더 많이 나왔어.

- 이 과자는 내용물은 조금 들어 있으면서 포장은 엄청 겹겹이 해 놨네.

비슷한 속담
- 발보다 발가락이 더 크다.

속담의 뜻을 생각하며 바르게 따라 써 보세요.

배	보	다		배	꼽	이		크	다	.
배	보	다		배	꼽	이		크	다	.

빈칸을 채워, 내 마음이 담긴 속담 일기를 완성해 보세요.

오늘 아빠와 나는 영화를 보러 갔다. 영화관에서는 팝콘 콜라가 세트인 콤보와 오징어를 꼭 먹어 줘야 한다. 간식비가 영화표 값보다 더 비쌌다. ☐☐
☐☐☐☐☐ 고 할 수 있지만, 팝콘과 오징어 없는 영화 관람은 상상할 수가 없다.

백지장도 맞들면 낫다

: 쉬운 일이라도 힘을 합치면 훨씬 쉽다.

| 학습날짜 20 . . . 요일 | 오늘 내 마음 |

할머니 어렸을 땐 먹을거리가 넉넉하지 않아도 어려운 이웃이 있으면 쌀 한 주먹이라도 내놓았어. 너희도 백지장도 맞들면 낫다는 그 마음을 잊지 않았으면 해.

이럴 때 쓰는 "백지장도 맞들면 낫다."

- 내가 다리를 다쳐서 걱정하고 있을 때 내 친구가 가방을 들어 주고, 두 명이 날 부축해 주고, 또 다른 친구는 급식을 타서 갖다 주었어. 여러 친구가 도와주니 정말 힘이 났어!

- 우리 가족이 분리수거를 하는 법: 아빠는 무거운 종이류를, 엄마는 유리병류, 나는 플라스틱류, 내 동생은 캔류. 순식간에 뚝딱!

비슷한 속담
- 동냥자루도 마주 벌려야 들어간다.

속담의 뜻을 생각하며 바르게 따라 써 보세요.

백	지	장	도		맞	들	면		낫
다	.								
백	지	장	도		맞	들	면		낫
다	.								

빈칸을 채워, 내 마음이 담긴 속담 일기를 완성해 보세요.

유니세프에서 다른 나라의 가난한 어린이를 돕는 모금을 한다고 해서 우리 학교도 참여했다. ☐☐☐도 ☐☐☐ ☐☐고 하더니, 우리 학교 학생들이 한 푼, 두 푼 모으니 꽤 큰돈이 되었다.

벼는 익을수록 고개를 숙인다

: 훌륭한 사람이 더 겸손하다.

| 학습날짜 20 . . . | 요일 | 오늘 내 마음 |

나는 개그맨 유재석을 좋아해. 우리나라 최고 스타잖아. 그래도 잘난 척 뻐기지 않고, 기부도 엄청 많이 했다니, 정말 자랑스러워.

이럴 때 쓰는 "벼는 익을수록 고개를 숙인다."

- 은우는 우리 반 회장이 되더니 일찍 학교에 와서 학급 문고를 정리하고, 화분에 물도 주더라.
- 명문 대학교에 입학한 사촌 형이 놀러와서는 얼마나 자랑하던지! 벼는 익을수록 고개를 숙인다는 말도 모르나 봐!

내 맘 알아주는 속담
높은 곳에서 뽐내기만 하는 사람은 가까이 있는 것을 잘 볼 수 없어요. 고개를 숙여야만 낮은 곳을 더 자세히 바라볼 수 있을 거예요.

속담의 뜻을 생각하며 바르게 따라 써 보세요.

벼	는		익	을	수	록		고	개
를		숙	인	다	.				
벼	는		익	을	수	록		고	개
를		숙	인	다	.				

빈칸을 채워, 내 마음이 담긴 속담 일기를 완성해 보세요.

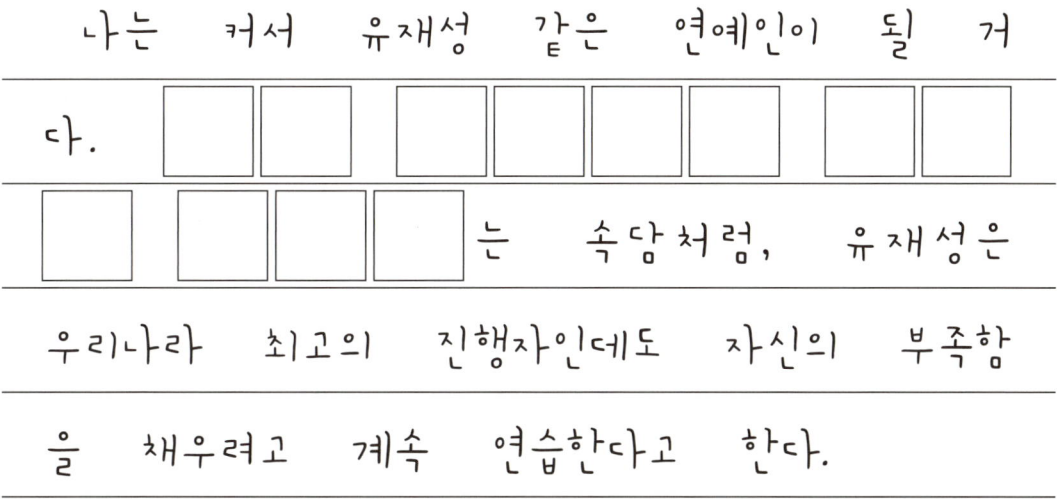

속담 초성 퀴즈!

1. ㅂㅂㄷ 배꼽이 ㄷㅋㄷ.

2. 방귀 ㄲ ㄴㅇ ㅅㄴㄷ.

3. ㅂㅈㅈㄷ 맞들면 ㄴㄷ.

4. ㅁㄷ 송아지 ㅇㄷㅇ ㅇ ㅃㅇ ㄴㄷ.

5. ㅂㄴ ㅇㅇㅅㄹ ㄱㄱㄹ 숙인다.

아래 동물들이 등장하는 속담을 써 보세요.

> 개구리, 굼벵이, 게,
> 가재, 송아지

병 주고 약 준다

: 일을 망친 뒤에 도와주기까지 하다.

| 학습날짜 20 . . . 요일 | 오늘 내 마음 |

오빠 미워! 싫어! 업어 줘!

병 주고 약 주는 건 내 동생이 세계 최고, 우주 초강…

오빠 최고야! 좋아해! 사랑해!

이럴 때 쓰는 "병 주고 약 준다."

- 우리 강아지 미루는 병 주고 약 준다니까. 내 무선 자동차를 우적우적 씹어서 고장 내고도 나만 졸졸 따라다녀 미워할 수가 없잖아.
- 영어 단어 외우는 거 너무 어렵고 하기 싫은데, 영어 선생님 칭찬을 들으면 이상하게 힘이 나. 병 주고 약 주는 영어 선생님이야.

비슷한 속담
- 나무에 오르라 하고 흔든다.

속담의 뜻을 생각하며 바르게 따라 써 보세요.

병		주	고		약		준	다	.
병		주	고		약		준	다	.

빈칸을 채워, 내 마음이 담긴 속담 일기를 완성해 보세요.

동생이 내가 잘못한 일을 엄마한테 이를 때면 정말 얄밉다. 그러다가도 "오빠!" 하고 방긋 웃으면 정말 귀엽고 사랑스럽다. ☐ ☐ ☐ ☐ 주는 동생 때문에 오빠 노릇이 너무 힘들다……

빛 좋은 개살구

: 겉만 그럴듯하고 실속이 없다.

| 학습날짜 20 . . . 요일 | 오늘 내 마음 |

나 드디어 스마트폰이 생겼는데 말이야, 엄마 아빠가 전화랑 문자 말고는 아무것도 못 하게 설정해 놨어.

큭큭, 그게 뭐야!

스마트폰이 아니라,

그냥 전화기잖아.

이럴 때 쓰는 "빛 좋은 개살구!"

- 사촌 언니 방에는 책이 엄청 많아. 그런데 사촌 언니는 책을 별로 안 좋아해서 거의 안 읽었대.

비슷한 속담
- 속 빈 강정.
- 소문난 잔치에 먹을 것 없다.

속담의 뜻을 생각하며 바르게 따라 써 보세요.

빛		좋	은		개	살	구.	
빛		좋	은		개	살	구.	

빈칸을 채워, 내 마음이 담긴 속담 일기를 완성해 보세요.

엄마 아빠는 내 스마트폰에 '지킴이' 설정을 해서 내가 전화와 문자만 할 수 있게 해 놓았다. 게임도 못 하고 동영상도 볼 수 없는 내 스마트폰은 ☐ ☐☐ ☐☐☐다.

사촌이 땅을 사면 배가 아프다

: 남이 잘되면 샘을 내고 미워하다.

| 학습날짜 20 . . . 요일 | 오늘 내 마음 |

> 으앙! 예지는 생일이라 놀이공원 간대! 나도 가고 싶었는데!

> 너도 다음에 가면 되잖아. 그게 울 일이야?

이럴 때 쓰는 "사촌이 땅을 사면 배가 아프다."

- 지완이가 운영하는 유튜브 구독자가 200명이 넘는다고 한다. 유튜브는 내가 먼저 만들었는데, 흥!
- 외삼촌이 새 자동차를 끌고 왔다. 온 가족이 멋있는 자동차라고 칭찬할 때 우리 아빠만 가만히 있었다. 아빠는 혹시……?

내 맘 알아주는 속담
남이 잘되는 것을 보면 샘이 나요. 하지만 진짜 보아야 할 것은 바로 '지금의 나'예요. 지금의 나를 스스로 인정하고 격려하는 자세가 몸과 마음을 건강하게 해요.

속담의 뜻을 생각하며 바르게 따라 써 보세요.

사	촌	이		땅	을		사	면	
배	가		아	프	다	.			
사	촌	이		땅	을		사	면	
배	가		아	프	다	.			

빈칸을 채워, 내 마음이 담긴 속담 일기를 완성해 보세요.

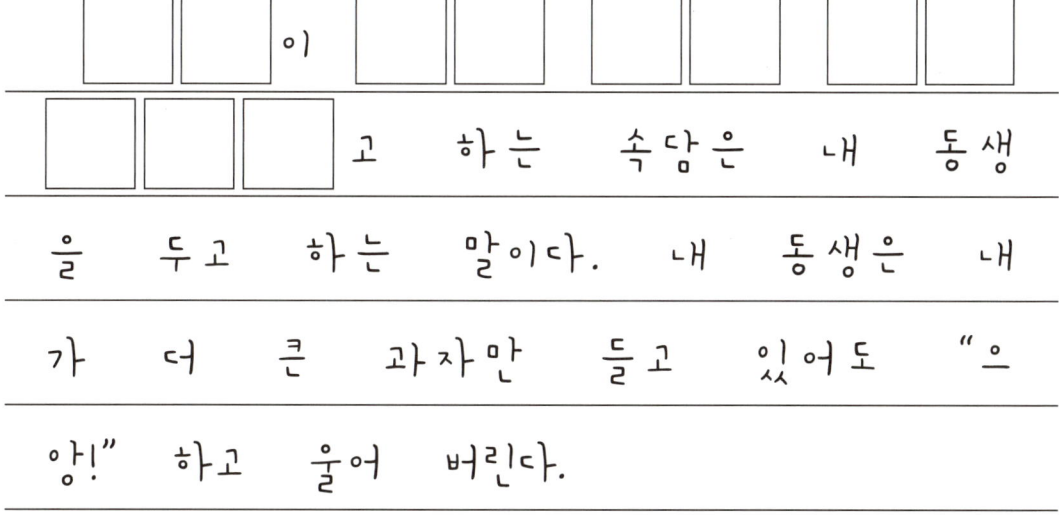

서당 개 삼 년이면 풍월을 읊는다

: 무슨 일이든 오래 보고 들으면 웬만큼 할 줄 알게 된다.

| 학습날짜 20 . . . | 요일 | 오늘
내 마음 |

우리 언니와 함께 아이돌 댄스 영상만 보고 또 봤더니 이제 제법 잘 따라 하게 됐지 뭐야!

서당 개 삼 년이면 풍월을 읊는다더니…!

이럴 때 쓰는 "서당 개 삼 년이면 풍월을 읊는다."

• 기저귀 떼기 전부터 아빠와 함께 프로야구를 관람했더니 이제 선수들 전력과 경기의 흐름까지 완전히 파악할 수 있게 되었다.

• 영호는 유튜브 영상을 열심히 보더니, 어느새 영상을 편집하는 솜씨까지 아주 훌륭해졌어!

비슷한 속담
• 독서당 개가 맹자 왈 한다 : 서당에서 매일 글 읽는 소리를 듣다 보면 개조차도 글 읽는 소리를 내게 된다는 뜻이에요.

속담의 뜻을 생각하며 바르게 따라 써 보세요.

서	당		개		삼		년	이	면	∨
풍	월	을		읊	는	다	.			
서	당		개		삼		년	이	면	∨
풍	월	을		읊	는	다	.			

빈칸을 채워, 내 마음이 담긴 속담 일기를 완성해 보세요.

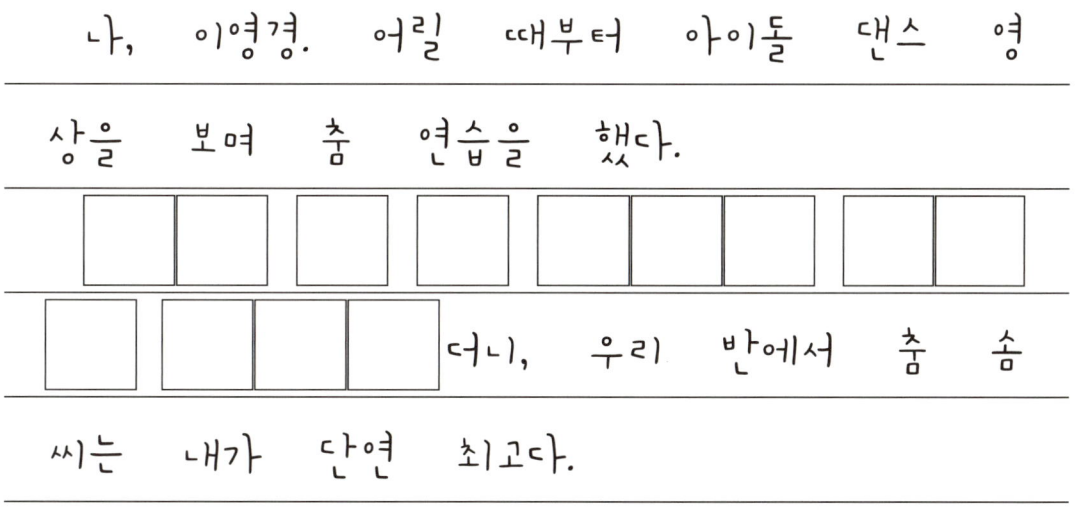

세 살 버릇 여든까지 간다

: 어릴 때부터 나쁜 버릇이 들지 않도록 조심해야 한다.

| 학습날짜 20 . . . | 요일 | 오늘 내 마음 |

이불에 또 오줌 쌌어!

어른이 되어서도 이러면 어떡하지?!

이럴 때 쓰는 "세 살 버릇 여든까지 간다."

- 우리 삼촌은 어렸을 때부터 곤충이며 동물을 너무 좋아했다더니 지금 수의사가 되었어.
- 손톱 물어뜯는 버릇을 고치기 너무 힘들어! 할머니가 되어서도 이렇게 손톱을 뜯다가는 손톱이 다 없어지고 말 거야!

비슷한 속담
- 한 번 검으면 희기 어렵다.
- 푸성귀는 떡잎부터 알고 사람은 어렸을 때부터 안다.

속담의 뜻을 생각하며 바르게 따라 써 보세요.

세		살		버	릇		여	든	까
지		간	다	.					
세		살		버	릇		여	든	까
지		간	다	.					

빈칸을 채워, 내 마음이 담긴 속담 일기를 완성해 보세요.

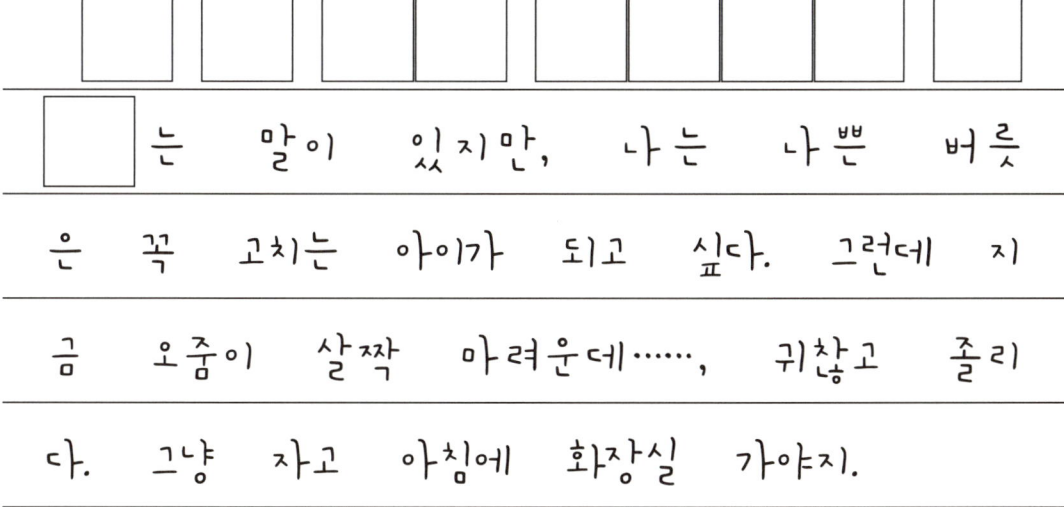

속담 초성 퀴즈!

1. 빛 ㅈㅇ ㄱㅅㄱ.

2. 세 살 ㅂㄹ ㅇㄷㄲ ㅈ 간다.

3. ㅅㅊㅇ ㄸㅇ ㅅㅁ 배가 ㅇㅍㄷ.

4. 병 ㅈㄱㅇ ㅈㄷ.

5. 서당 ㄱㅅ ㄴㅇㅁ ㅍㅇㅇ ㅇㄴㄷ.

속담의 뜻을 보고 빈칸을 완성해 보세요.

가로
1. 못난 사람이라도 잘하는 것 하나는 있다.
2. 몹시 빠르고 바쁘게 왔다 갔다 한다.
3. 덧붙이는 것이 더 크거나 많다.
4. 가까이 있는 것에 대해 오히려 잘 모른다.

세로
1. 자신에게 조금이라도 이익이 되면 지조 없이 여기저기 붙는다.
2. 아무리 좋은 것도 쓸모 있게 만들어야 비로소 가치가 있다.
3. 손해 본 만큼 되갚아 주려고 한다.

1. 굼벵이도 2. 구르는 재주는 있다

소 잃고 외양간 고친다

: 일을 그르치고 나서야 뒤늦게 바로잡는다.

| 학습 날짜 20 . . . 요일 | 오늘 내 마음 |

> 충치 때문에 너무 괴로워…. 젤리, 사탕, 아이스크림 같은 건 이제 절대 안 먹을 거야.

이럴 때 쓰는 "소 잃고 외양간 고친다."

- 안전 장비를 안 하고 자전거 타다가 크게 다쳤지 뭐야. 앞으로는 안전모와 무릎 보호대를 꼭 써야지.
- 너무 더워서 에어컨을 마구 틀었더니 전기요금이 어마어마하게 많이 나왔어. 이제 에어컨은 틀지 않기로 했지.

비슷한 속담
- 엎질러진 물.

속담의 뜻을 생각하며 바르게 따라 써 보세요.

소		잃	고		외	양	간		고
친	다	.							
소		잃	고		외	양	간		고
친	다	.							

빈칸을 채워, 내 마음이 담긴 속담 일기를 완성해 보세요.

충치가 네 개나 되다니! 앞으로 군것질은 절대 안 하고, 양치질도 꼬박꼬박 하겠다고 했더니 오빠는 ☐☐ ☐☐ ☐ 고치는 거냐며 나를 놀렸다.

쏘아 놓은 화살이요 엎지른 물이다

: 한 번 저지른 일은 다시 고치거나 멈추기 어렵다.

| 학습날짜 20 . . . 요일 | 오늘 내 마음 |

아들: 아빠, 오늘 엄마 생신이죠?

아빠: 헉! 벌써 그렇게 됐나.

아들: 내가 안 알려 줬으면 어쩔 뻔했어요! 퇴근할 때 케이크 사 오세요!

아빠: 그래, 그래. 고맙다!

엄마: 아들. 내 생일은 다음 주거든.

아들:

이럴 때 쓰는 "쏘아 놓은 화살이요 엎지른 물이다."

- 내 앞에서 멈춘 축구공! 이건 하늘이 주신 기회니까 골대를 향해 뻥! 앗! 이를 어째…… 우리 팀 골대였지 뭐야!

- 앞으로는 절대 거울 안 보고 앞머리 자르지 않을 거다. 삐뚤빼뚤, 마구 뜯어 먹은 김 같아!

비슷한 속담
- 깨어진 그릇 맞추기.

속담의 뜻을 생각하며 바르게 따라 써 보세요.

쏘	아		놓	은		화	살	이	요	V
엎	지	른		물	이	다	.			
쏘	아		놓	은		화	살	이	요	V
엎	지	른		물	이	다	.			

빈칸을 채워, 내 마음이 담긴 속담 일기를 완성해 보세요.

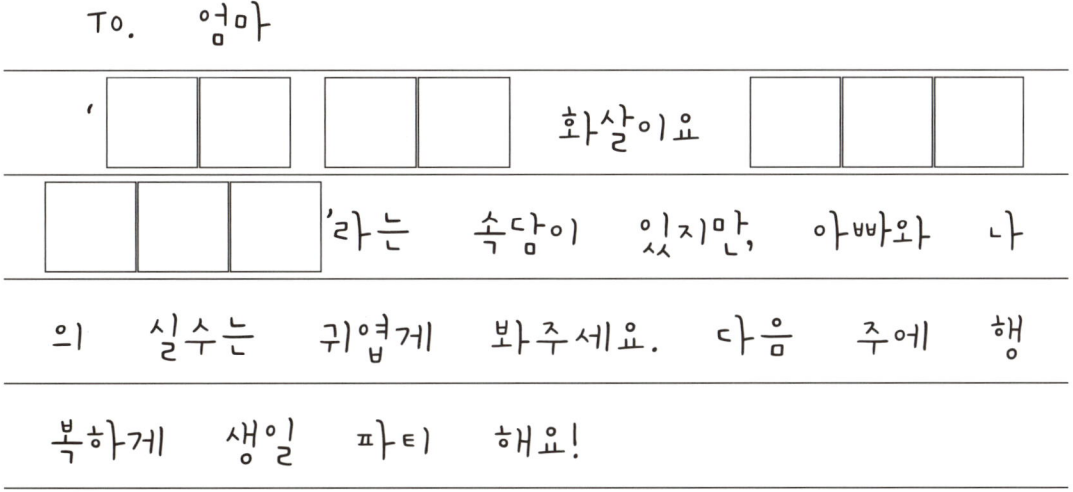

To. 엄마

'☐☐ ☐☐ 화살이요 ☐☐☐

☐☐☐'라는 속담이 있지만, 아빠와 나

의 실수는 귀엽게 봐주세요. 다음 주에 행

복하게 생일 파티 해요!

아니 땐 굴뚝에 연기 날까

: 원인이 없으면 결과가 있을 수 없다.

| 학습날짜 20 . . . | 요일 | 오늘 내 마음 |

좁은 텐트를 울리는 '뿡~' 소리와,
퍼져 가는 구린내.
으악! 범인은 분명히 이 안에 있어!

이럴 때 쓰는 "아니 땐 굴뚝에 연기 날까."

- 삼촌은 밤마다 치킨에 맥주를 먹었더니 몸무게가 7kg이나 늘었다고 한다. 치킨 좋아하는 우리 누나도 곧 그렇게 되겠지.
- 텔레비전, 휴대폰, 게임기를 독차지하던 형아는 결국 눈이 너무 나빠져서 안경을 쓰게 됐다.

비슷한 속담
- 아니 때린 장구 북소리 날까.

속담의 뜻을 생각하며 바르게 따라 써 보세요.

아	니		땐		굴	뚝	에		연
기		날	까	.					
아	니		땐		굴	뚝	에		연
기		날	까	.					

빈칸을 채워, 내 마음이 담긴 속담 일기를 완성해 보세요.

좁은 텐트 안에 방귀 구린내가 가득했다. 나는 하늘에 맹세코 아니며, 아빠는 드르렁드르렁 깊게 잠이 들었다. ☐☐
☐☐☐☐☐☐! 수상하게 뒤척거리는 엄마가 범인……?

오르지 못할 나무는 쳐다보지도 마라

: 할 수 없는 일은 처음부터 욕심을 내지 마라.

| 학습날짜 20 . . . 요일 | 오늘 내 마음 |

올해의 목표!

- 하루에 다섯 시간씩 영어 공부하기
- 영어로 된 〈해리포터〉 시리즈 읽기
- 영화 〈어벤져스〉 시리즈를 자막 없이 보기

누나, 지킬 수 있는 계획인 거야?

이럴 때 쓰는 "오르지 못할 나무는 쳐다보지도 마라."

- 외할머니는 삼촌이 잘생겨서 영화배우가 되면 딱 좋겠다고 하셨어. 아이고, 할머니……
- 그랬더니 삼촌이 자기는 꼭 영화배우 전지연 같은 사람하고 결혼할 거래. 아이고, 삼촌…….

내 맘 알아주는 속담
나의 능력과 마음가짐이 얼마나 준비되었는지 잘 살피고 나서, 용감하게 도전해 보면 어떨까요?

속담의 뜻을 생각하며 바르게 따라 써 보세요.

오	르	지		못	할		나	무	는	∨
쳐	다	보	지	도		마	라	.		
오	르	지		못	할		나	무	는	∨
쳐	다	보	지	도		마	라	.		

빈칸을 채워, 내 마음이 담긴 속담 일기를 완성해 보세요.

올해 중학생이 되는 우리 누나의 영어 공부 계획은 정말 대단하다. '☐☐ ☐ 못할 ☐☐는 쳐다보지도 마라'라는 속담을 모르는 것 같다. 우리말 공부부터 하면 좋을 텐데.

우물 안 개구리

: 넓은 세상을 모른 채 자기가 보고 들은 것이 전부인 줄 아는 사람.

| 학습날짜 20 . . . 요일 | 오늘 내 마음 |

이럴 때 쓰는 "우물 안 개구리!"

- 태권도 전국 대회에 나간 내 동생은 전국에서 온 실력자들을 보고 입이 떡 벌어졌다.
- 세계 지도를 보고 있으면 우리나라가 엄청 작게 보인다. 다른 나라, 다른 세상은 어떤 모습일까?

내 맘 알아주는 속담

우물 안 개구리가 되지 않으려면 다양하게 경험하고 느끼는 것이 중요해요. 우리가 온몸으로 만나는 세상, 그 세상을 알아가는 일이 바로 우리가 해야 하는 '공부'랍니다.

속담의 뜻을 생각하며 바르게 따라 써 보세요.

우	물		안		개	구	리.	
우	물		안		개	구	리.	

빈칸을 채워, 내 마음이 담긴 속담 일기를 완성해 보세요.

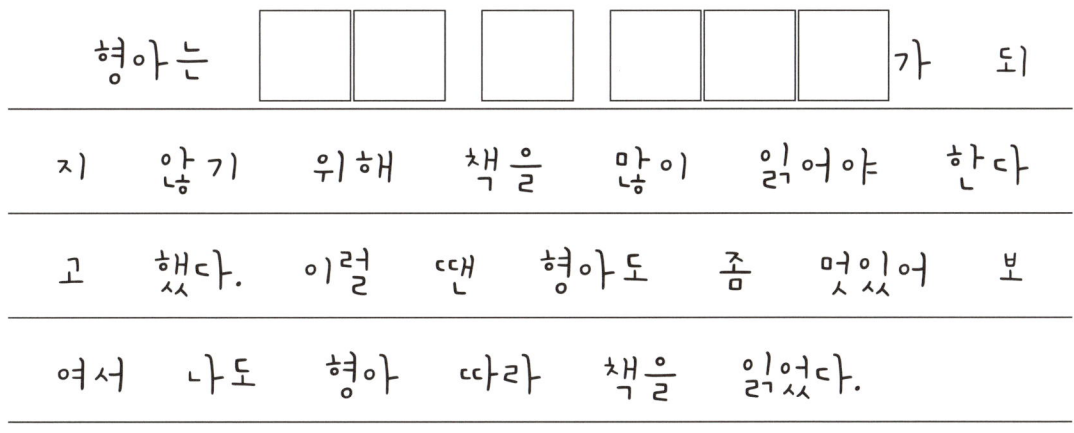

형아는 ☐☐ ☐ ☐☐ 가 되지 않기 위해 책을 많이 읽어야 한다고 했다. 이럴 땐 형아도 좀 멋있어 보여서 나도 형아 따라 책을 읽었다.

속담 초성 퀴즈!

1. ㅇㅁ ㅇ ㄱㄱㄹ.

2. ㅅ 잃고 ㅇㅇㄱ ㄱㅊㄷ.

3. ㅇㄹㅈ ㅁㅎ 나무는 ㅊㄷㅂㅈㄷ ㅁㄹ.

4. ㅇㄴ ㄸ ㄱㄸㅇ 연기 ㄴㄲ.

5. ㅆㅇ ㄴㅇ 화살이요 ㅇㅈㄹ ㅁㅇㄷ.

엉터리로 연결된 속담을 올바른 속담으로 완성해 주세요.

방귀 뀐 놈이 　 고개를 숙인다

방귀 뀐 놈이 성낸다.
―――――――――――――――――――――――――
벼는 익을수록 고개를 숙인다.
―――――――――――――――――――――――――

서당 개 삼 년이면 　 엉덩이에 뿔이 난다

―――――――――――――――――――――――――

―――――――――――――――――――――――――

등잔 밑이 　 연기 날까

―――――――――――――――――――――――――

―――――――――――――――――――――――――

마른하늘에 　 나는 놈 있다

―――――――――――――――――――――――――

―――――――――――――――――――――――――

백지장도 맞들면 　 여든까지 간다

―――――――――――――――――――――――――

―――――――――――――――――――――――――

울며 겨자 먹기

: 싫은 일을 억지로 한다.

학습 날짜 20 . . . 요일	오늘 내 마음

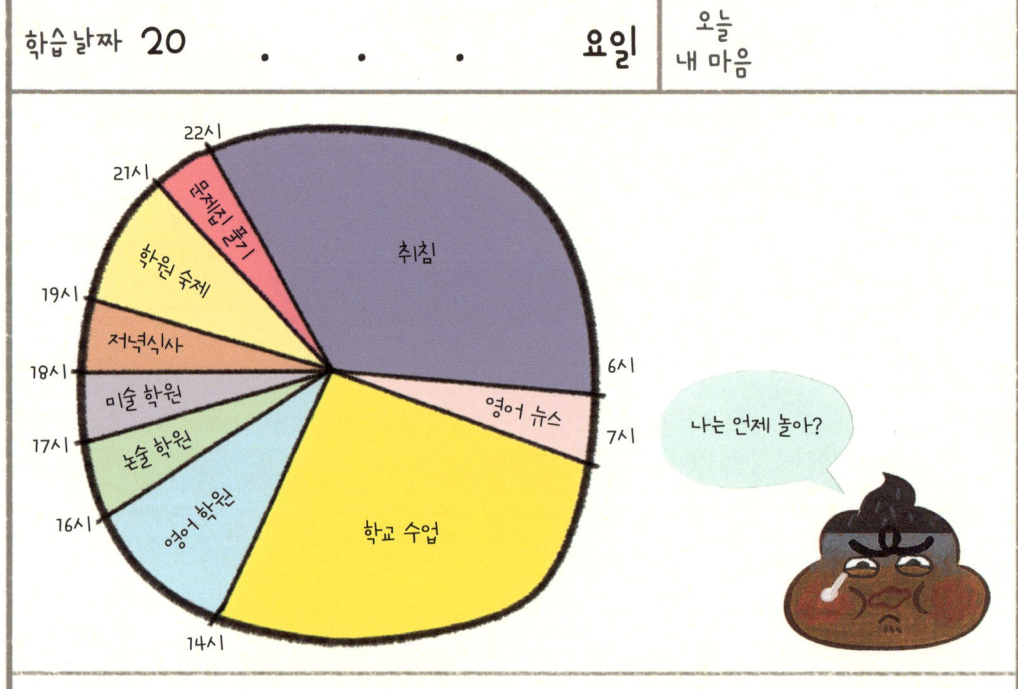

이럴 때 쓰는 "울며 겨자 먹기!"

- 매주 화장실 청소를 하면 용돈을 두 배로 받을 수 있으니 참자, 참아!
- 연극 발표회 때 나는 '양떼' 역할을 맡았어. 이번에는 꼭 주인공이 하고 싶었는데, 칫!

비슷한 속담
- 마음에 없는 염불 : '염불'은 불경을 외는 일을 말해요.

속담의 뜻을 생각하며 바르게 따라 써 보세요.

울	며		겨	자		먹	기	.	
울	며		겨	자		먹	기	.	

빈칸을 채워, 내 마음이 담긴 속담 일기를 완성해 보세요.

우리 반에 학원을 두 개 다니는 친구는 6명, 학원을 세 개 다니는 친구는 5명, 학원을 네 개 다니는 친구는 3명. 모두 ☐☐ ☐☐ ☐☐ ☐☐ 로 학원에 다니고 있다. 하루 종일 놀고 싶다!

원숭이도 나무에서 떨어질 때가 있다

: 아무리 잘하는 사람도 실수할 때가 있다.

| 학습날짜 20 . . . | 요일 | 오늘 내 마음 |

받아쓰기만큼은 자신 있었는데.
오늘따라 실수, 실수, 실수!

이럴 때 쓰는 "원숭이도 나무에서 떨어질 때가 있다."

- 완벽할 것만 같은 우리 선생님이 오늘은 양말을 짝짝이로 신고 오셨더라.
- 우리 할머니 요리는 정말 최고야. 윽, 그런데 이번 잡채에는 설탕 대신 소금을 잔뜩 넣으셨대!

비슷한 속담
- 닭도 홰에서 떨어진다 : '홰'는 닭이 올라 앉게 만든 나무 막대예요.

속담의 뜻을 생각하며 바르게 따라 써 보세요.

원	숭	이	도		나	무	에	서	
떨	어	질		때	가		있	다	.
원	숭	이	도		나	무	에	서	
떨	어	질		때	가		있	다	.

빈칸을 채워, 내 마음이 담긴 속담 일기를 완성해 보세요.

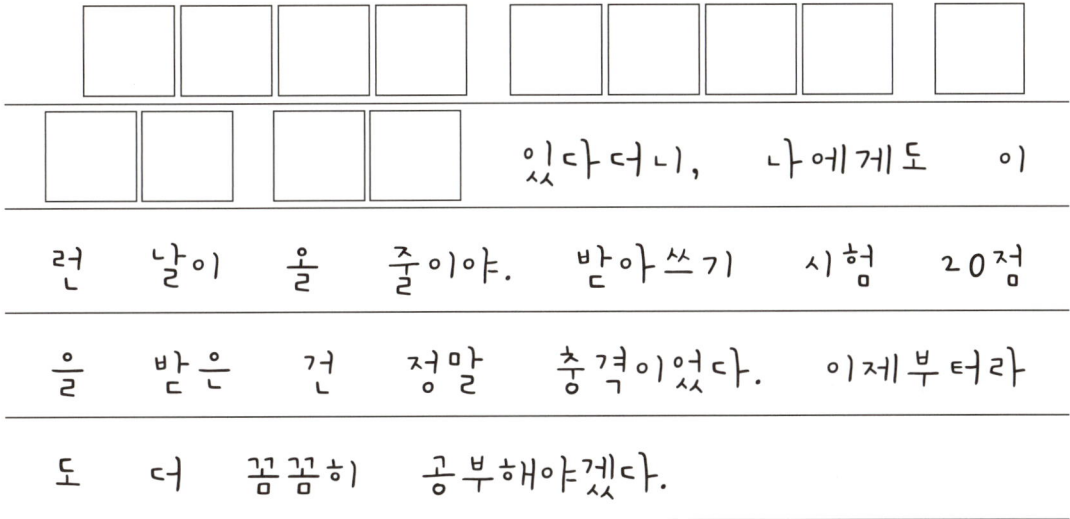

있다더니, 나에게도 이런 날이 올 줄이야. 받아쓰기 시험 20점을 받은 건 정말 충격이었다. 이제부터라도 더 꼼꼼히 공부해야겠다.

윗물이 맑아야 아랫물이 맑다

: 윗사람이 바르게 행동해야 아랫사람도 바르게 행동한다.

| 학습날짜 20 . . . | 요일 | 오늘 내 마음 |

'생선'으로 '문상' 받았으니 이걸로 문제집 사서 '열공' 해야지. 우왕 '핵이득'!

오빠 그게 대체 무슨 말이야…?

이럴 때 쓰는 "윗물이 맑아야 아랫물이 맑다."

- 성공한 기업가나 연예인들이 기부했다는 소식이 많이 들려오면 좋겠어.
- 6학년 언니 오빠들은 도서관에서 속닥속닥 너무 떠들어! 학교 선배들이면 그러지 말아야 하는 거 아니야?

내 맘 알아주는 속담
윗물은 윗사람을, 아랫물은 아랫사람을 뜻해요. 물이 위에서 아래로 흐르듯 윗사람의 태도와 생각도 아랫사람에게 전해진답니다.

속담의 뜻을 생각하며 바르게 따라 써 보세요.

윗	물	이		맑	아	야		아	랫
물	이		맑	다	.				
윗	물	이		맑	아	야		아	랫
물	이		맑	다	.				

빈칸을 채워, 내 마음이 담긴 속담 일기를 완성해 보세요.

우리 오빠는 가끔 못 알아들을 말을 한다. 짭조름한 생선이랑 문제집이랑 무슨 관계인지 모르겠다. ☐☐☐ ☐☐☐
☐☐☐ ☐☐ 고 하는데, 오빠는 전혀 그렇지 않다!

작은 고추가 더 맵다

: 몸집은 작으나 재주가 뛰어나고 야무질 때 쓰는 말.

| 학습날짜 20 . . . 요일 | 오늘 내 마음 |

모… 모기다!

안 돼! 가까이 오지 마!

이럴 때 쓰는 "작은 고추가 더 맵다."

- 우리 강아지는 몸집은 작지만 커다란 대형견 앞에서도 "왈왈!" 절대 기죽지 않아.
- 올해 발명품 대회에서는 2학년이 대상을 받았대. 어려도 아이디어가 반짝이는 친구야!

비슷한 속담
- 제비는 작아도 강남 간다.

속담의 뜻을 생각하며 바르게 따라 써 보세요.

작	은		고	추	가		더		맵
다	.								
작	은		고	추	가		더		맵
다	.								

빈칸을 채워, 내 마음이 담긴 속담 일기를 완성해 보세요.

내가 무서워하는 것: 모기, 벌, 바퀴벌레, 거미…….

☐☐ ☐☐☐ ☐☐ 는 말 처럼, 나는 작은 벌레들이 너무 무섭다.

재주는 곰이 넘고 돈은 주인이 받는다

 : 힘들게 일한 사람은 따로 있고, 일에 대한 대가는 다른 사람이 받는다.

학습날짜 20 . . . 요일	오늘 내 마음

엄마: 엄마 혼자 여행 오니까 너무 좋네~ 모두 잘 지내고 있지?

아빠: 여보! 걱정 마! 집안일도 나한테 맡겨 두고!

엄마: 여보가 웬일이야~ 고마워!

아들1: 아빠, 설거지는 제가 했잖아요.

아들2: 엄마! 강아지 산책은 내가 시켰어요!

딸: 빨래는 내가 갰는데….

엄마:

이럴 때 쓰는 "재주는 곰이 넘고 돈은 주인이 받는다."

- 체육관 뒷정리는 우리가 다 했는데, 선생님이 회장만 칭찬했다.

비슷한 속담
- 남의 떡으로 제사 지낸다.

속담의 뜻을 생각하며 바르게 따라 써 보세요.

재	주	는		곰	이		넘	고	
돈	은		주	인	이		받	는	다 .
재	주	는		곰	이		넘	고	
돈	은		주	인	이		받	는	다 .

빈칸을 채워, 내 마음이 담긴 속담 일기를 완성해 보세요.

엄마가 여행을 가고 없을 때, 두 오빠와 나는 손발이 척척 맞아 집안일을 몽땅 해치웠다. 그런데 엄마는 아빠에게만 고맙다고 했다. ☐☐☐☐☐☐☐☐
☐☐☐☐☐☐☐ 더니.

속담 초성 퀴즈!

1. ㅇㅁ 겨자 ㅁㄱ.

2. ㅇㅁㅇ ㅁㅇㅇ 아랫물이 ㅁㄷ.

3. 원숭이도 ㄴㅁㅇㅅ ㄸㅇㅈ ㄸㄱ ㅇㄷ.

4. ㅈㅇ ㄱㅊㄱ ㄷ 맵다.

5. 재주는 ㄱㅇ ㅂㄹㄱ 돈은 ㅈㅇㅇ ㅂㄴㄷ.

다음 카드의 빈칸을 채워 보세요.

| ○○ 안 개구리. | 꼬리가 길면 ○○○. | ○○○○ 두들겨 보고 ○○○. |
| ○○○ ○ 약이요 아는 게 ○. | 벼는 ○○○○ 고개를 ○○○. | 세 살 ○○ ○○○○ 간다. |

아래 신체 부위가 등장하는 속담을 써 보세요.

눈, 손, 간, 코, 배, 배꼽

참새가 방앗간을 그냥 지나가랴

: 이익이 될 것이나 좋아하는 것을 그냥 지나치지 못한다.

| 학습날짜 20 . . . 요일 | 오늘 내 마음 |

형, 친구 왔다!

달칵

이 시간에 서준이가 놀러 오지 않으면 오히려 이상하지.

이럴 때 쓰는 "참새가 방앗간을 그냥 지나가랴."

- 난 빵을 아주아주 좋아해. 빵집에서 빵 굽는 냄새가 솔솔 풍기면 그냥 지나칠 수 없어!
- 학교 앞 문방구는 언제나 아이들로 북적북적. 딱히 살 게 없어도 어슬렁어슬렁.

내 맘 알아주는 속담

방앗간은 곡식을 빻는 곳이에요. 늘 흩어져 있는 곡식을 쪼아 먹으려 참새들이 모여 들었어요. 누구나 자기에게 이득이 되는 일이라면 쉽게 지나치지 못하겠지요?

속담의 뜻을 생각하며 바르게 따라 써 보세요.

참	새	가		방	앗	간	을		그
냥		지	나	가	랴	.			
참	새	가		방	앗	간	을		그
냥		지	나	가	랴	.			

빈칸을 채워, 내 마음이 담긴 속담 일기를 완성해 보세요.

오후 다섯 시면 언제나 "딩동!" 학원 끝나고 집으로 가던 서준이가 우리 집에 놀러 오는 소리다. ☐☐☐ ☐ ☐☐☐ ☐☐☐☐. 이젠 벨소리가 들리지 않으면 오히려 이상하다.

콩으로 메주를 쑨다 해도 안 믿는다

: 사실을 말해도 전혀 믿지 않는다.

| 학습날짜 20 . . . | 요일 | 오늘 내 마음 |

- 3년 전 -
아빠: 아빠 이제 담배 끊을 거야.

- 2년 전 -
아빠: 올해는 진짜 담배 끊을 거야.

- 작년 -
아빠: 진짜 끊는다니까?

- 올해 -
아빠: 아빠 믿지? 올해는 진짜로….

나: 못 믿어!

이럴 때 쓰는 "콩으로 메주를 쑨다 해도 안 믿는다."

- 누나는 다이어트를 한다더니 또 치킨을 시켰다.
- 희영이는 별명이 '양치기 소녀'야. 예전에는 세진이가 좋다고 하고, 얼마 전에는 정우가 좋다고 하더니 오늘은 서준이가 좋다고 하잖아?

내 맘 알아주는 속담
콩으로 메주를 쑤는 것처럼, 누구라도 아는 사실을 말했건만 왜 믿지 않는 걸까요? 누구나 말은 쉽게 할 수 있기 때문에, 말을 뒷받침하는 진짜 행동만이 믿음을 줘요.

속담의 뜻을 생각하며 바르게 따라 써 보세요.

콩	으	로		메	주	를		쑨	다	V
해	도		안		믿	는	다	.		
콩	으	로		메	주	를		쑨	다	V
해	도		안		믿	는	다	.		

빈칸을 채워, 내 마음이 담긴 속담 일기를 완성해 보세요.

아빠가 담배를 끊겠다는 약속과 엄마

가 살을 빼겠다는 약속은 한 번도 지켜지

지 않았다. 이제부터는 아빠, 엄마가 ☐

☐ ☐ ☐ ☐ ☐ ☐ ☐

☐ ☐ ☐ ☐ .

117

티끌 모아 태산

: 아무리 작은 것도 모으면 큰 것이 된다.

| 학습날짜 20 . . . 요일 | 오늘 내 마음 |

쓰지 않는 가전제품 콘센트 빼 두기, LED 전구로 바꾸기, 빨래는 모았다가 한꺼번에 세탁기 돌리기 등등. 사소한 습관들이 모이니 전기 요금이 확 줄어들었어.

우리 가족 파이팅!

이럴 때 쓰는 "티끌 모아 태산!"

- 두꺼운 책을 하루에 20페이지씩만 매일 읽기로 했더니 어느새 다 읽게 되었어.

- 불우이웃돕기 성금을 내는 건 꼭 참여하고 있어. 적은 액수도 모으고 또 모으면 큰돈이 될 테니까.

비슷한 속담
- 모래알 모이면 산 된다.

속담의 뜻을 생각하며 바르게 따라 써 보세요.

티	끌		모	아		태	산	.	
티	끌		모	아		태	산	.	

빈칸을 채워, 내 마음이 담긴 속담 일기를 완성해 보세요.

일회용품 쓰지 않기, 장바구니 사용하기, 저탄소 제품 구입하기, 가까운 거리는 걸어가기. ☐☐ ☐☐ ☐☐ 이니까, 자연을 위해 사소한 습관이라도 하나씩 하기!

호랑이도 제 말 하면 온다

: 누군가 자리에 없다고 함부로 이야기하지 말라는 뜻.

| 학습날짜 20 . . . 요일 | 오늘 내 마음 |

"걱정 마. 엄마한테 절대 안 들켜!"라고 말하자마자……

이럴 때 쓰는 "호랑이도 제 말 하면 온다."

- 동생에게 "이렇게 쿵쾅거리면 아랫집 할머니 오신다!"라고 윽박질렀는데 진짜로 오셨어.
- 체육 시간에 "지민이는 피구 잘 못하니까 우리 편으로 뽑지 마."라고 속닥거리다가 지민이랑 눈이 마주쳤어. 어떡하지?

비슷한 속담
- 까마귀 제 소리 하면 온다.
- 양반은 못 된다.

속담의 뜻을 생각하며 바르게 따라 써 보세요.

호	랑	이	도		제		말		하
면		온	다	.					
호	랑	이	도		제		말		하
면		온	다	.					

빈칸을 채워, 내 마음이 담긴 속담 일기를 완성해 보세요.

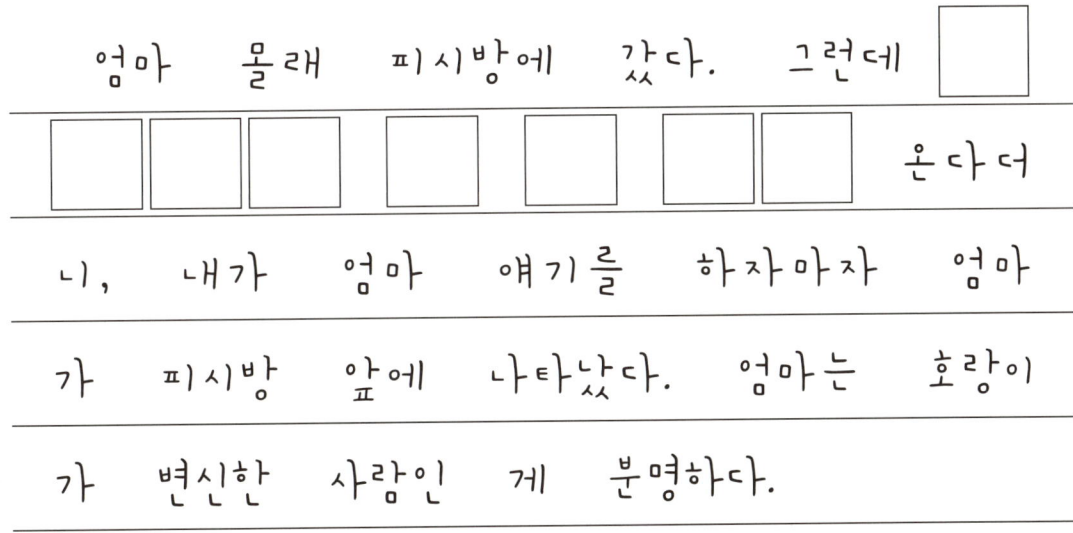

호박이 넝쿨째 굴러 들어오다

: 뜻하지 않게 좋은 일이 생기다.

| 학습날짜 20 . . . | 요일 | 오늘 내 마음 |

야호!

냐이 덕분에 잃어버린 목걸이랑 대왕딱지를 찾았어!

이럴 때 쓰는 "호박이 넝쿨째 굴러 들어오다."

- 5월은 내 생일과 어린이날이 모두 있는 좋은 달! 선물을 줄줄이 받을 수 있겠지?
- 내가 좋아하는 새롬이랑 짝이 되다니! 또 방과 후 수업도 함께 듣게 되다니!

비슷한 속담
- 개천 치다 금 줍는다.

속담의 뜻을 생각하며 바르게 따라 써 보세요.

호	박	이		넝	쿨	째		굴	러	∨
들	어	오	다	.						
호	박	이		넝	쿨	째		굴	러	∨
들	어	오	다	.						

빈칸을 채워, 내 마음이 담긴 속담 일기를 완성해 보세요.

냥이가 서랍 밑에서 잃어버린 줄만 알았던 물 건들을 다 찾았다. 심지어 딱 한 장 부족했던 짜장면집 쿠폰까지! '☐☐☐ ☐☐ ☐☐☐☐☐'라는 건 이런 상황을 말하나 보다.

속담 초성 퀴즈!

1. ㅌㄲ 모아 ㅌㅅ.

2. 호랑이도 ㅈ ㅁ ㅎ ㅁ ㅇㄷ.

3. ㅎㅂㅇ 넝쿨째 ㄱㄹ ㄷㅇㅇㄷ.

4. 참새가 ㅂㅇㄱㅇ ㄱㄴ ㅈㄴㄱㄹ.

5. ㅋㅇㄹ 메주를 쑤ㄷ ㅎㄷ ㅇ ㅁㄴㄷ.

아래 식물이 등장하는 속담을 써 보세요.

> 호박, 콩, 고추, 벼, 개살구

아는 속담을 생각나는 대로 써 보세요.

 속담을 넣어 그림일기를 완성해 보세요.

| 날짜 20 . . . 요일 | 오늘 내 마음 |

 속담을 넣어 그림일기를 완성해 보세요.

| 날짜 20 . . . 요일 | 오늘 내 마음 |

 정답

16쪽
1. 고래 싸움에 새우 등 터진다.
2. 간에 붙었다 쓸개에 붙었다 한다.
3. 개구리 올챙이 적 생각 못 한다.
4. 가재는 게 편.
5. 가는 말이 고와야 오는 말이 곱다.

28쪽
1. 공든 탑이 무너지랴.
2. 구슬이 서 말이라도 꿰어야 보배.
3. 굼벵이도 구르는 재주는 있다.
4. 꼬리가 길면 잡힌다.
5. 꿩 대신 닭이다.

29쪽
1. 꼬리가 길면 잡힌다. / 꿩 대신 닭이다.
2. 구슬이 서 말이어도 꿰어야 보배. / 굼벵이도 구르는 재주는 있다.
3. 가재는 게 편. / 공든 탑이 무너지랴.
4. 가는 말이 고와야 오는 말이 곱다. / 간에 붙었다 쓸개에 붙었다 한다.
5. 개구리 올챙이 적 생각 못 한다. / 고래 싸움에 새우 등 터진다.

40쪽
1. 남의 손의 떡이 커 보인다.
2. 낫 놓고 기역 자도 모른다.
3. 낮말은 새가 듣고 밤말은 쥐가 듣는다.
4. 내 코가 석 자나 빠졌다.
5. 누워서 침 뱉기.

41쪽
1. 우유
2. 떡, 크다
3. 빵(떡)
4. 선풍기

(※다양한 답안이 나올 수 있어요!)

52쪽
1. 눈에는 눈 이에는 이.
2. 돌다리도 두들겨 보고 건너라.
3. 동에 번쩍 서에 번쩍.
4. 등잔 밑이 어둡다.
5. 떡 줄 사람은 생각도 않는데 김칫국부터 마신다.

53쪽
(※속담을 넣어 자유롭게 답안을 작성해 보세요!)

64쪽
1. 똥 묻은 개가 겨 묻은 개 나무란다.
2. 뛰는 놈 위에 나는 놈 있다.
3. 마른하늘에 날벼락.
4. 말 한마디로 천 냥 빚을 갚는다.
5. 모르는 게 약이요 아는 게 병.

65쪽
1. 방앗간
2. 약, 병
3. 천 냥 빚
4. 티끌, 태산
5. 기역 자
6. 꼬리

76쪽
1. 배보다 배꼽이 더 크다.
2. 방귀 뀐 놈이 성낸다.
3. 백지장도 맞들면 낫다.
4. 못된 송아지 엉덩이에 뿔이 난다.
5. 벼는 익을수록 고개를 숙인다.

77쪽
개구리 올챙이 적 생각 못 한다.
굼벵이도 구르는 재주는 있다.
가재는 게 편.
못된 송아지 엉덩이에 뿔이 난다.

88쪽
1. 빛 좋은 개살구.
2. 세 살 버릇 여든까지 간다.
3. 사촌이 땅을 사면 배가 아프다.
4. 병 주고 약 준다.
5. 서당 개 삼 년이면 풍월을 읊는다.

89쪽

¹굼	벵	이	도		²구	르	는		재	주	는		있	다
					슬									
					이									
	¹간													
²동	에		번	쩍		서	에		번	쩍				
	볼				말									
	었				이									
	다				라									
					도					³눈				
	쏠									에				
	개				꿰					는				
	에				어									
					야					눈				
	볼													
	었		³배	보	다		배	꼽	이		크	다		
	다			배					에					
									는					
	한													
	다				⁴등	잔		밑	이		어	둡	다	

100쪽
1. 우물 안 개구리.
2. 소 잃고 외양간 고친다.

3. 오르지 못할 나무는 쳐다보지도 마라.
4. 아니 땐 굴뚝에 연기 날까.
5. 쏘아 놓은 화살이요 엎지른 물이다.

101쪽
1. 방귀 뀐 놈이 성낸다. / 벼는 익을수록 고개를 숙인다.
2. 서당 개 삼 년이면 풍월을 읊는다. / 못된 송아지 엉덩이에 뿔이 난다.
3. 등잔 밑이 어둡다. / 아니 땐 굴뚝에 연기 날까.
4. 마른하늘에 날벼락. / 뛰는 놈 위에 나는 놈 있다.
5. 백지장도 맞들면 낫다. / 세 살 버릇 여든까지 간다.

112쪽
1. 울며 겨자 먹기.
2. 윗물이 맑아야 아랫물이 맑다.
3. 원숭이도 나무에서 떨어질 때가 있다.
4. 작은 고추가 더 맵다.
5. 재주는 곰이 부리고 돈은 주인이 받는다.

113쪽
1. 우물, 잡힌다, 돌다리도, 건너라, 모르는 게, 병, 익을수록, 숙인다, 버릇, 여든까지
2. 눈에는 눈 이에는 이, 간에 붙었다 쓸개에 붙었다 한다, 배보다 배꼽이 크다, 내 코가 석 자나 빠졌다, 남의 손의 떡이 커 보인다 등

124쪽
1. 티끌 모아 태산.
2. 호랑이도 제 말 하면 온다.
3. 호박이 넝쿨째 굴러 들어오다.
4. 참새가 방앗간을 그냥 지나가랴.
5. 콩으로 메주를 쑨다 해도 안 믿는다.

125쪽
1. 호박이 넝쿨째 굴러 들어오다, 콩으로 메주를 쑨다 해도 안 믿는다, 작은 고추가 더 맵다, 벼는 익을수록 고개를 숙인다, 빛 좋은 개살구
2. (※자유롭게 답안을 작성해 보세요!)